Charles Dantzig
Wozu Lesen?

W0038866

Steidl
Pocket

Charles Dantzig, geboren 1961, publiziert seit den 1990er Jahren Lyrik, Romane und Essays. Neben vielen anderen Auszeichnungen erhielt Charles Dantzig den Prix de l'Essai der Académie française und den Grand prix der Elle-Leserinnen. Dantzig ist Lektor im französischen Verlag Grasset und lebt in Paris. Bei Steidl erschienen von ihm außerdem *Das Meisterwerk* (2016) und *New York, noir* (2019).

CHARLES DANTZIG

WOZU LESEN?

Aus dem Französischen von Sabine Schwenk

LESEEXEMPLAR
Änderungen vorbehalten

Steidl Pocket

»Suche das Paradies.«
Chaldäischer Orakelspruch

Inhalt

Lesen lernen

Warum lese ich? Ich lese wohl so, wie ich auch gehe. Übrigens lese ich tatsächlich beim Gehen. Wenn Sie wüssten, wie viele Begegnungen mir dies schon beschert hat! So manche Pariser Parkuhr hat schon gerührt gehört wie ich mich mit »Pardon, Monsieur!« bei ihr entschuldige, nachdem ich sie lesend angerempelt habe. Doch bloß weil man eine Sache so spontan tut wie gehen oder lesen, ist es keineswegs überflüssig, darüber nachzudenken. Spontaneität rechtfertigt nicht alles. Auch Morde werden spontan verübt.

»Spontan« – zuerst wollte ich »natürlich« schreiben. Aber Lesen ist selbstverständlich nicht so natürlich wie Gehen. Nein, es ist eine durch und durch erworbene Fähigkeit. Was manchen schwerfällt. Nicht jeder lernt leicht lesen. Dem nachzugehen, wäre interessant. Sind Vielleser möglicherweise Menschen, die ohne Mühe lesen gelernt haben? Bei mir persönlich war es leicht und klappte fast auf Anhieb. Ein paar Tage lang ließ man mich das Abc üben, und plötzlich ging alles wie von selbst – ich las. Vielleicht lag es daran, dass ich vergleichsweise spät damit anfing, in der ersten Klasse, ich war fünf. Seit einem Jahr lebte ich in einem Zustand der Empörung, denn die meisten meiner Freunde hatten bereits in der Vorschule lesen gelernt. »Und was ist mit mir? Warum bringt man mir nichts bei?«, lag ich meinen entnervten Eltern pausenlos in den Ohren. »Dein Kindergarten sieht das nicht vor. Du musst bis zur Grundschule warten«, war die einzige Antwort, die sie mir geben konnten. Und so zeigte ich weiter auf alles, was mir an Geschriebenem unterkam, Plakate, Schilder, Magazincover, und fragte: »Was steht da?« Ich hatte das Gefühl, dass mir großes Unrecht geschah. Dass man mir bis auf Weiteres den Zugang zum Verständnis der Welt verwehrte.

Im Alter von fünf Jahren sind Kinder sehr intelligent. Und naiv. Über die Schrift, so dachte ich, würde ich begreifen, was sich um mich herum ereignete. Denn auch was sich vor meinen Augen ereignete, blieb mir unverständlich. Was war, wenn nicht der Ursprung von allem, so doch sein Zusammenhang? Wie war das alles miteinander verbunden? Ich vertraute voll und ganz darauf, dass die Schrift es mir verraten würde. Dem gesprochenen Wort dagegen misstraute ich. Vor allem dem Wort meiner Eltern. Bevor ich eingestand, wie geistreich es war, spürte ich seine Macht, der ich mich sogleich widersetzte. Autorität war immer ein Problem für mich. Noch heute gibt es nichts, was mich so sehr in Rage bringt wie das, was man Machtworte nennt. Sie stellen sich dem wunderbaren Räsonnement entgegen – wunderbar deshalb, weil es auf Vertrauen beruht. Machtworte hingegen beruhen auf Verachtung. Meinem Argwohn gegenüber Autoritäten entsprach ein fast magisches Vertrauen in die Schrift. Dem kleinen Banausen, der ich damals war, schien jeder Satz ein Schlüssel zu sein. Hatten Sätze etwa keine frappierende Ähnlichkeit mit Schlüsseln? Schwarz, lang, dazu die Ober- und Unterlängen, die aus dem Zylinder zu ragen schienen wie die Räute – so nennt man den Griff des Schlüssels, glaube ich. Hier liegt nebenbei bemerkt ein Nutzen von Wörtern: Kurz und präzise ersparen sie einem ganze Sätze. Dieses Schlüsselbund jedenfalls, das die Bibliothek meiner Familie für mich darstellte, würde mir die Türen zur Schatzkammer öffnen. Das Geschriebene war in meinen Augen etwas Abstraktes und Selbstloses, das mit seinen Wörtern nichts erreichen wollte.

Ich frage mich, ob ich damals nicht unbewusst das Wesen der Literatur erahnt habe. Eine mögliche Definition lautet, Literatur sei die wohl einzige Textform, die keinen unmittelbaren Zweck erfülle. Literatur steht im Kern meiner Frage: Wozu lesen? – Wozu *Literatur* lesen?

Man kann historische Abhandlungen lesen, politische Programme, Astronomie-Lehrbücher, Anleitungen zum Bridge-Spielen, doch das alles dient nur dazu, sich Wissen anzueignen. Aber Wissen ist keine große Sache. Jeder weiß etwas. Heerscharen von Dummköpfen und Einfaltspinseln sind vollgestopft mit

Wissen. Wichtiger ist, was man als Analogie bezeichnen könnte. Literatur, insbesondere Belletristik, ist eine Form von Analogie. Oder genauer gesagt, eine der Formen des Verstehens mittels Analogie. Oder noch genauer gesagt, eine der Formen des Verstehens mittels Analogie, die nicht nur die Intelligenz, sondern auch die Emotionen bemüht. Analogie, Emotion. Genau darin liegt der Unterschied zur Philosophie, die sich ganz auf die Analyse und den Intellekt stützt.

Natürlich macht eben dieser emotionale Aspekt der Literatur ihren Reiz aus. Und ihre Gefahr. Mit ihren Bildern vermag sie uns zu manipulieren wie Kinder. Aber sie lässt uns Zusammenhänge schneller verstehen, andere Zusammenhänge als Philosophie oder Psychologie. Und dieses Buchwissen … Buchwissen. Ich habe die negative Konnotation dieses Wortes nie ganz begriffen. Es ist dieselbe negative Bedeutung, welche die Gesellschaft allen geistigen Dingen zuschreibt, eine Gesellschaft, die roh geblieben ist unter dem Mäntelchen dessen, was man Zivilisation nennt und was kaum mehr ist als ein paar Tischmanieren. Man nehme das Argumentieren. Ich bezweifle, dass man es wirklich wertschätzt. Fordert ein Kind die Eltern mit seiner Argumentierfreude heraus, schimpfen sie es einen Besserwisser. Und dann die vielseitigen Beschimpfungen aus dem Feld der Literatur. Wer sich gern mit Geschriebenem beschäftigt, ist eine Leseratte oder ein Bücherwurm, wer sich nicht kurzzufassen versteht, erzählt Romane, und wer zur Hysterie neigt, macht Theater. Man stelle sich den Skandal vor, wenn ich es wagte, mit derselben Verachtung »Was für eine Fleischerei!« zu sagen. Die Fleischerinnung würde mir den Prozess machen, es gäbe eine Fernsehdebatte, man würde mich drängen, als reuiger Sünder aufzutreten. *Und man hätte ja Recht*. Keine Gruppe ist per se hassenswert. Leute, die das Lesen und die Literatur verunglimpfen, sollten sich selbst anklagen und zugeben, wie viel Gutes im »Buchwissen« steckt. Für mich jedenfalls gilt, dass fast alle guten Dinge, die ich gelernt habe, aus Büchern stammen.

Und mein Verständnis der Welt oder das bisschen Verständnis, das ich von ihr habe, hat sich erst in dem Moment zu trüben begonnen, als ich dem Buchwissen meine persönliche Erfahrung hinzufügte.

Meine ganze Kindheit hindurch hieß es:»Nun spiel doch mal im Garten!« Zwar hielt man das Lesen nicht für schädlich, so vulgär ist meine Familie nicht, aber man beklagte die fehlende Abwechslung. Denn ich kannte nur einen einzigen Zeitvertreib: lesen. Um meinen Eltern eine Freude zu machen, spielte ich hin und wieder. Unter den verzückten Blicken meiner Mutter schob ich ein kleines Auto über eine mit Kreide gezeichnete Straße und langweilte mich dabei gehörig. Ich glaube, als Kind verabscheute ich Pflichten, besonders die eine: zu spielen. Beim Lesen hatte ich sehr viel mehr Spaß als beim Spielen oder gar beim Sport. Ich beschäftigte mich mit meinen Spielzeugautos, und wenn das elterliche Bedürfnis nach kindischen Dingen befriedigt war, wandte ich mich wieder meinem größten Glück zu: dem Lesen, das so viel interessanter ist als jede Form der Zerstreuung.

Lesealter

Als Kind predigt Madame du Deffand ihren Klassenkameraden den Atheismus. Man schickt einen Priester zu ihr, niemand Geringeren als den Prediger Massillon. Er eilt voller Unruhe zu ihr, arbeitet er doch an der Grabrede für Ludwig XIV., die er in zehn Jahren halten wird. Raschelnde Soutane. Er schließt sich mit dem Kind ein. Sie unterhalten sich. Wie hart wird die Strafe wohl ausfallen!, murmeln die Schwestern, die fürchten, zu weit gegangen zu sein. Bischof Massillon kommt heraus. Die kleine Schar tritt zu ihm.»Sie ist charmant«, lautet sein Urteil.

Charmant war vor allem die Epoche der Aufklärung jedenfalls für eine Oberschicht von fünftausend Leuten. (In meiner Familie wird man zu dieser Zeit in der Küche Kochtöpfe gescheuert

haben.) Man könnte glauben, inzwischen habe der Geist der Mä-
ßigung triumphiert, aber keineswegs, die revolutionären Kräfte
der Vergangenheit sind da, frisch wie eh und je, und auch heute
wieder werden wir von Religionsstürmen umtost: Einen Tag nach
dem Erdbeben in Port-au-Prince 2010 gingen zehntausend Zeugen
Jehovas – zehntausend! – unter der Führung eines Geistlichen auf
die Straße und schrien: »So stand es geschrieben! Luxus und Un-
zucht wurden bestraft! So stand es geschrieben!« Die Frömmigkeit
ist die Rache der Armen, die Katastrophe der Trost der Unglücklichen. Und die Illusion umgibt das alles mit einem Heiligenschein.
So kam es, dass diese Unglücklichen – weit härter getroffen als
die Reichen, welche die Mittel hatten, das Land zu verlassen oder
ihr Haus wieder aufzubauen, wenn es dem Beben nicht ohnehin standgehalten hatte – unter der Führung von Scharlatanen
tatsächlich Genugtuung empfanden. Unser Bedürfnis nach Aberglauben ist unersättlich.

Ich war, wie Madame du Deffand, ein atheistisches Kind. Ohne
öffentliches Bekenntnis, still und leise. Der Kommunionunter-
richt war für mich die Langeweile auf Erden und die Beichte ein
Skandal. Erst besorgt und dann verärgert darüber, mir glaubhafte
Sünden ausdenken zu müssen, fand ich mich trotzdem damit ab.
Das Einzige, was mich wirklich empörte, war, dass ich mich in
der Messe derart langweilen musste. Zum Glück hatte mir meine
überaus fromme Großmutter mütterlicherseits eine Lederhülle für
das Messbuch geschenkt. Darin versteckte ich Stendhals *Kartause
von Parma* und las diese mit einer *Passion*, die den Kirchendamen
zu Herzen ging.

Alles was nicht meinem Alter entsprach, mochte ich damals
sehr. Schon seit Jahren stibitzte ich aus der Bibliothek meines
Vaters Verlaine und Musset, die ersten beiden Schriftsteller für
Erwachsene, die ich las. Schenkte man mir Unterhaltungslitera-
tur, war ich unzufrieden. Ich weiß noch, wie schockiert ich war,
als ich mit elf oder zwölf einen Jules Verne geschenkt bekam.

Das Bild dieses Skandals ist mir noch gegenwärtig, der Einband des Taschenbuchs mit derselben Illustration wie auf der Hetzel-Ausgabe. Man hielt mich für ein Kind! Ha! Erwachsene, ich hatte euer Komplott durchschaut! Uns durch harmlose Lektüre gefügiger machen! Um mich davor zu schützen, hatte ich meine Höhle des Platon, die Bibliothek meiner Familie. Alle Schätze dieser Welt lagen dort griffbereit. Ich erforschte sie wie ein Archäologe, der zwischen Tausenden von Sarkophagen die Qual der Wahl hat. Ich brauchte sie nur zu öffnen, damit die Mumien zu mir sprachen, sangen. Ich war sehr empfänglich – und bin es noch – für etwas, was ich damals natürlich nicht zu benennen vermochte, etwas, was man als die Melodie des Denkens bezeichnen könnte. Vielleicht ist mit ihr ein weiterer Wesenszug der Literatur benannt.

In der Adoleszenz verdunkelt sich alles und wird undurchdringlich. Noch heute erinnere ich mich an diesen leidvollen, schmerzlichen Prozess, in dem ich mein sicheres Gespür für die Welt verlor. Ich verstand gar nichts mehr. Plötzlich ging es mir wie den Unglücklichen von Haiti: Im Alter von ungefähr sechzehn Jahren hatte ich durch die Lektüre einen Anfall von Katholizismus. *Der Mann aus Nazareth* von Anthony Burgess, eine Lebensgeschichte Jesu, hatte mich so getroffen, dass ich anfing, an Gott zu glauben. Die literarische Nachahmung anderer ist für uns Schriftsteller ein wichtiger Antrieb, und an diesem Roman hatte mir Zweierlei gefallen: der Rhythmus und eine Kritik. Der Rhythmus war kraftvoll, und der Widerspruch richtete sich gegen einen Gemeinplatz. Burgess schreibt, die Darstellungen, die Jesu als mageren Mann zeigten, seien absurd. Dieser Sohn eines Zimmermanns, der mit Holzstämmen hantiert und zu Fuß Palästina durchstreift habe, sei selbstverständlich ein robuster Kerl gewesen. Weder Burgess noch ich hatten an die barocken Kruzifixe gedacht, bei denen sich ergebene Bildhauer durchaus daran ergötzten, füllige Schenkel und knackige Bizeps zu gestalten. Genau das war meine Schwäche, war es lange Zeit und ist es zweifellos immer noch, diese Lust am Widerspruch. Man kann mir zugutehalten, dass ich mir genauso gern widersprechen lasse. In Meinungsverschiedenheiten habe ich immer ein Vergnügen, ja eine Kunst gesehen. Mir liegt weniger daran, Recht zu behalten, als daran, in Gesellschaft von Menschen zu sein. Man unterhält sich, man diskutiert, man streitet sich, man versucht zu argumentieren, man ist zusammen. Wer mir widerspricht, ist mein Bruder. Man könnte eine Warnung auf Buchrücken drucken: »ACHTUNG! Bücher, die Ihrer Meinung oder Ihrem Geschmack zu sehr entgegenkommen, gefährden Ihre Gesundheit.«

In schwachen Momenten kann das Lesen tatsächlich gefährlich sein. Verantwortlich dafür ist nicht das Buch und auch nicht der Leser allein, sondern das unglückliche Zusammentreffen beider. Auf die Liste der Bücher, die man in schwierigen Momenten nicht lesen sollte, gehört:

Buch	Situation
Der Knacks, Francis Scott Fitzgerald	wenn man sich am Rand einer Depression befindet
Mein Kampf, Adolf Hitler	wenn man seit Jahren arbeitslos in einem Land mit hoher Inflationsrate lebt.

und viele mehr. Im Grunde kann wohl alles gefährlich sein, auch das Leben, aber dem gibt man nie die Schuld.

In der sechsten Klasse habe ich miterlebt, wie sich meine Mutter von einem besorgten Lehrer abkanzeln ließ, weil ich Baudelaire las. Ich vergötterte das Gedicht »Das frühere Leben«, welches ich auf die Rückseite eines Posters geschrieben und in meinem Zimmer in einen Schrank geklebt hatte und wie ein Geheimnis hütete. Beim Lesen offenbaren sich unzüchtige, wertvolle und fragile Dinge, man muss nicht alles davon preisgeben. Wenn man ein Buch so liest, wie man eben liest, das heißt still über die Seiten gebeugt, dann sind aus diesem Tête-à-Tête all die Schwindler, Rohlinge und Dummköpfe verbannt, die sich so gern entrüsten, sei es aus Eigennutz oder aus echter Überzeugung. Ich jedenfalls berauschte mich an Baudelaires Gedicht, an den ersten Zeilen: »Ich wohnte lang in einem Säulenwald / Den Meeressonnen bunt in Feuer tauchten«, ein Tableau wie eins der Gemälde von Lorrain, in die ich vernarrt war, Gemälde, auf denen triumphierende und schwermütige Prinzessinnen in der Abenddämmerung an Bord bauchiger Schiffen gingen. Dreißig Jahre später weigerte ich mich, an einer Fernsehsendung über Kinder teilzunehmen, in der ich Literatur empfehlen sollte. »Ich habe dazu nur das eine zu sagen: ›Gebt ihnen Bücher, für die sie noch zu jung sind‹«, antwortete ich dem Journalisten, der mich eingeladen hatte. Mir persönlich ist es damit nicht allzu schlecht ergangen. Kinder haben eine sehr ausgeprägte Moral, sie können sehr gut auseinanderhalten, was gut und was böse, was zulässig und was verwerflich ist. Sie sind unempfänglich für das Perverse und interessieren sich nur für das, was sie wollen. Und vielleicht weckt die Literatur ja ihr ästhetisches Empfinden.

Der egoistische Leser

In der Bibliothek meiner Großmama mütterlicherseits standen limitierte Ausgaben in Hülle und Fülle, die sie *grands papiers* nannte, darunter auch einige handsignierte Werke berühmter Schriftsteller. Das fand ich vornehm, und es steigerte meine ohnehin schon unermessliche Liebe zu dieser Frau. Über Großmutter-Schriftsteller sollte mal jemand ein Buch schreiben. Es gibt Mutter-Schriftsteller wie Albert Cohen. Es gibt Schwester-Schriftsteller wie Flaubert. Es gibt Vater-Schriftsteller wie Stendhal oder Dickens. Es gibt Onkel-Schriftsteller wie Roger Nimier.

Die Göttergestalt unter den Großmutter-Schriftstellern ist wohl Marcel Proust. Selbst wenn er sein Gelächter hinter dem Ziegenlederhandschuh kaum mehr verstecken kann, während er Zoten zum Besten gibt, ist ihm der wohlwollende Blick einer alten, weißhaarigen Dame gewiss, die streng ist und gütig zugleich und für ihr Leben gern liest. Eben diese Großmutter, nämlich die des Erzählers in *Auf der Suche nach der verlorenen Zeit*, hat mir nahegebracht, wie reizvoll scheinbar ungewöhnliche Vergleiche sein können. Sie ist diejenige, die eine Ähnlichkeit zwischen Mme de Sévigné und Dostojewski zu erkennen glaubt. Meine brachte mir den Umgang mit wertvollen Büchern bei, deren Code und Verhaltenskodex. Wie die verschiedenen Prägungen auf den ersten Buchseiten zu deuten sind und wie man sie vorsichtig aufschlägt. Hingebungsvoll streichelte ich über das Japanpapier, das sich feiner anfühlte als poliertes Elfenbein. Zu den Schändlichkeiten der heutigen Zeit zählt neben den theokratischen Diktaturen und den Genoziden – wobei, nein, die hat es schon immer gegeben, und da die Gewalt ewig ist und außerordentlich tief im Menschen wohnt, finden die zarten, anrührenden Momente des Lebens gerade an der oft so argwöhnisch beäugten Oberfläche statt, die doch immerhin auch der Ort ist, an dem die Blumen gedeihen, und – ja, ja, ich höre ja schon auf, zu diesen Schändlichkeiten zählt also auch die Tatsache, dass heutzutage kein Japanpapier mehr hergestellt wird. Ich hoffe, dieser Verlust wird durch andere Preziosen aufgewogen.

Japanpapier war freilich nicht das, worauf ich mich stürzte, wenn ich allein war. Wer liest, muss nicht bibliophil sein, genauso wenig wie ein Bücherliebhaber lesen muss. Man schaue sich nur den Beliebtheitsgrad diverser Schriftsteller an: Georges Duhamel hat aufgrund seiner limitierten Auflagen gerade bei bibliophilen Antiquariaten noch einen hohen Stellenwert, nach dem Urteil der Leser taugt er hingegen nicht mehr viel. Tony Duvert steht bei den Ersten nicht hoch im Kurs, wird aber von Letzteren hochgeschätzt. Ich selbst wollte damals in erster Linie Gedrucktes, das man unterstreichen und dessen Ränder man mit Anmerkungen versehen konnte. Man hatte mir beigebracht, dies sei die beste Art zu lesen, und so ist es auch. Ein Leser ist kein Konsument, der Büchern den Garaus macht, indem er sie verspeist: Wenn man sagt, jemand verschlinge ein Buch, so halte ich dies für ein gewagtes Bild. Ein guter Leser schreibt, während er liest. Er umrandet, streicht durch, kritzelt Kommentare in alle Zwischenräume, die ihm der Buchdrucker gelassen hat. Jeder, dem ich meine Proust-Bände zeige, kann verstehen, warum ich mir regelmäßig neue Ausgaben kaufe. Nicht aus Fetischismus. Ich habe keine andere Wahl. Die Vorsatzblätter und Seitenränder sind gespickt mit meinen Notizen, die wie Regenwürmer in alle Richtungen kriechen und sich bis in die Bundstege hineinwinden; die Zeilen sind unterstrichen, umkringelt, vollgekritzelt. Nicht einmal die Proust'schen *paperoles* können quantitativ mit meinen Anmerkungen konkurrieren. Ein guter Leser setzt seine Brandzeichen auf die Bücher und nimmt sie damit wie eine Herde in Besitz.

Verglich man die Anmerkungen zweier Leser zu ein und demselben Text, würde man erkennen, dass ein Buch keine Skulptur ist, die man sich anschauen kann und die – Katastrophen ausgenommen – ihre ersten Betrachter weit überlebt. Auch wenn ein Buch einen eigenen Sinn, den des Autors hat, nimmt jeder Leser diesen in anderer Weise auf. Dies veranlasste Paul Valéry zu der Bemerkung:

»Meine Verse haben den Sinn, den man ihnen gibt. Der, den ich ihnen gebe, passt nur für mich und kann vor niemandem geltend gemacht werden. Es ist ein Fehler, der dem Wesen der Poesie zuwiderläuft und sogar tödlich für sie wäre, zu behaupten, dass jedes Gedicht einen wahren, einzigen Sinn hat, der mit dem Denken des Autors identisch ist.«

Paul Valéry, Kommentar zu *Charmes*

Man liest, um die Welt zu verstehen, man liest, um sich selbst zu verstehen. Und wenn man über ein gewisses Maß an Großzügigkeit verfügt, kommt es auch vor, dass man liest, um den Autor zu verstehen. Ich glaube allerdings, dass nur die größten Leser dazu in der Lage sind, und auch sie erst dann, wenn sie die zwei dringendsten Bedürfnisse befriedigt haben: das Verständnis der Welt und der eigenen Person. Lesen bringt Mumien zum Singen, aber deshalb liest man nicht. Man liest nicht für das Buch, man liest für sich selbst. Es gibt nichts Egoistischeres als einen Leser.

Lesen verändert uns nicht

Es ist eine beruhigende und zugleich traurige Erfahrung, bei Werken, die man ein zweites Mal liest, die Randbemerkungen der ersten Lektüre mit den aktuellen Anmerkungen zu vergleichen. Ich habe es getan, anfangs eher beiläufig – denn ich bin weder ein so großer Freund noch ein so erbitterter Feind meiner selbst, dass ich beim erneuten Aufschlagen eines Buches sofort prüfe, was ich früher hineingekritzelt habe –, später dann aus Neugier.

Ich stellte fest, dass ich auch nach Jahren noch annähernd dieselben Passagen unterstreiche. Leider bleiben wir uns selbst immer gleich. Das Lesen verändert uns kaum. Vielleicht veredelt es uns ein bisschen, aber ein Drecksack ist und bleibt ein Drecksack, auch wenn er Racine gelesen hat. Aus einem ungebildeten Drecksack ist dann allenfalls ein aufpolierter Drecksack geworden. Umgekehrt wird ein guter Mensch durch die Lektüre eines bösen Buches nicht zu einem schlechten. Dass Bücher einen schlechten Einfluss haben könnten, ist eine ebenso dumme Mär wie die von ihrem guten Einfluss. Die Vorstellung, Literatur sei moralisch (oder unmoralisch, was aufs Gleiche hinausläuft), ist vielleicht notwendig für deren Überleben in einer Welt, die seit Menschengedenken nur das Nützliche liebt.

Was glücklicherweise auch bleibt, ist die Frische des Talents, die uns immer wieder Jubelrufe entlockt, selbst wenn wir ein Buch noch so oft gelesen haben.

Lesen, um sich selbst zu finden
(ohne sich gesucht zu haben)

Ein Buch ist nicht für die Leser gemacht, es ist nicht einmal für den Autor gemacht, es ist für niemanden gemacht. Es ist dafür gemacht, zu existieren. Ein für die Leser gemachtes Buch betrachtet seine Leserschaft als Publikum. Folglich wurde es in einer bestimmten Absicht geschrieben, um zu gefallen oder zu überzeugen, herablassend ist beides. Zum einen gegenüber dem instrumentalisierten und somit weniger guten Werk, weil der Autor seinen Gegenstand aus den Augen verloren hat; zum anderen gegenüber den Lesern, die es kränkt, wenn sie merken, dass man ihnen ihre Urteilskraft abspricht. Welch unverfrorene Demagogie! Man will uns mit Sentimentalitäten ködern? Wir schmuggeln uns lieber heimlich in den Kopf des Autors hinein und holen uns selbst das, was wir wollen. Wenn wir uns in einem Buch wiedererkennen, umso besser, aber darum lesen wir es nicht. Egoistisch heißt nicht narzisstisch. Die Freude ist dann umso größer, wenn uns etwas plötzlich rührt. Man muss immer ein wenig diebisch sein, sonst ist das Lesen zu tugendhaft.

Als ich im Flugzeug diese Zeilen schrieb, machte ich eine Pause, um Thomas Bernhard zu lesen: *Der Untergeher*, 1983. Übersetzung ins Französische 1986. 1986! Ich hätte sie gleich bei Erscheinen lesen können. Stattdessen tat ich es vierundzwanzig Jahre später, vierundzwanzig Jahre. Vierundzwanzig! Wenn ich an all die grandiosen Dinge denke, die ich im Augenblick meines Todes verpasst haben werde! Was ist die Lektüre doch für ein kapriziöses Geschäft, kapriziös und grausam für die Autoren! So viele übersehene Talente wegen mangelnder Lektüre! Gute Leser müsste man einsperren, damit sie lesen! Man würde ihnen ein Gehalt zahlen, und sie täten nichts anderes als lesend Literatur retten! Vierundzwanzig Jahre! Nun gut, genug Dramatik. Als ich mich nun nochmals mit diesem Schriftsteller befasste, den ich seit langem nicht mehr gelesen hatte, war ich verblüfft über die Vielzahl von Sätzen, die in völlig unveränderter Form mein »Selbstporträt, gezeichnet durch Thomas Bernhard« ergeben würden.

»Im Grunde hasse ich die Natur, sagte er immer wieder. (…) Die Natur ist gegen mich, sagte Glenn (…)«

»Wir können aber aus diesem Geburtsort weggehen, wenn er uns zu erdrücken droht, von dem Wegund Fortgehen, das uns umbringt, wenn wir den Augenblick des Wegund Fortgehens übersehen. Ich habe das Glück gehabt und bin …«

… aber ich bin es ja gar nicht. Es geht hier nicht um mich, um uns. Es hat etwas Selbstgefälliges, wenn wir in Büchern zu sehr nach dem suchen, was uns gleicht. In Bernhards *Beton* von 1982 findet man auch folgende Passage:

»Wenn ich ein Buch in der Hand hatte, verfolgte sie mich solange, bis ich das Buch weglegte, sie hatte ihren Triumph, wenn ich es ihr voller Wut ins Gesicht schleuderte.«

Und so etwas habe ich – der Gott der Lektüre kann es bezeugen – niemals selbst erlebt. Jeder Mensch ist einzigartig, das lernt man, wenn man lange genug liest und dabei immer wieder nur Fragmente seiner selbst entdeckt. Es ist nicht unser Abbild, das uns von einem Buch einnimmt, sondern das Talent. Nicht den Figuren oder Gedanken möchte man gleichen. Man möchte dem Talent gleichen.

Der Gott der Lektüre

Der Gott der Lektüre? … Aber den gibt es doch gar nicht. Der Mensch hat sich davor gehütet, ihn zu erfinden. Die Leser wussten nur zu gut, wie gefährlich es gewesen wäre, sich auf diese Weise aufzuspielen. Ein Werk, das Esprit und Sensibilität vereint – wie schrecklich!

Da sich die Spezies der Leser im Übrigen durch steten Rückzug aus dem praktischen Leben unsichtbar gemacht hat, ist es durchaus verständlich, dass sie bis heute keines eigenen Beschützers bedarf.

Gott ist auf der Bibliotheksleiter.

Lesen, um sich auszudrücken

Nach Beendigung seiner Lektüre wird der Leser keinesfalls in den unberührten Zustand einer leeren Datei zurückversetzt. Nein, er wurde bereichert um eine Vielzahl von Sätzen. Faszinierenden Sätzen! Sätzen, die davonflattern wie ein Halstuch im Wind und denen er bis ans Ende der Welt folgen würde. Meine Jugend wurde begleitet von einem Heine-Vers. »Ich weiß nicht was soll es bedeuten, dass ich so traurig bin«. Ja, wirklich, *Die Lorelei*, ständig und unermüdlich sprach ich diese Worte auf Deutsch vor mich hin, berauscht davon, ein so schönes Gewand für die Traurigkeit gefunden zu haben, die ich empfand und die ich genoss. Mit der Wahl unserer Lektüre kleiden wir unsere Emotionen ein, legen uns Wörter in unsere stummen Münder, verleihen dem Grummeln unserer Gedanken Eloquenz.

Kaum ein Satz hat mich in diesem Alter mehr beeindruckt als der von Prospero in Shakespeares *Sturm* (IV, 1): »*We are such stuff / as dreams are made on, and our little life / Is rounded with a sleep*« – »Wir sind aus solchem Stoff / wie Träume sind, und unser kleines

Leben / ist von einem Schlaf umringt.« Überall schrieb ich ihn nieder, murmelte ihn vor mich hin, versuchte, den Sinn zu ergründen, der mich erleuchtet hatte. Oder dies: »Die Nuance, Feindin der Finesse«, von Balzac. Beim Blättern in einem Taschenbuch war ich darauf gestoßen, als ich im Sommer in einem Buchladen arbeitete. Dummerweise hatte ich das Buch zugeklappt und weggestellt, nur um schon zwei Minuten später und für die nächsten zwanzig Tage vergeblich nach der Textstelle zu suchen. Im Grunde zwanzig *Jahre* lang, denn ich habe sie bis heute nicht wiedergefunden, zumal ich nach einer Weile vergessen habe, um welches Buch von Balzac es sich eigentlich handelte. Oh, du Phantom, wirst du dich vielleicht an meinem Lebensabend offenbaren und mir aus einem seiner Bücher unverhofft entgegenlächeln? Und so werde ich dann, noch bevor ich den Satz zu Ende gelesen habe, meine letzte Ruhe finden.

Ein Tanz im Verborgenen

Bücher sind mehr als Gegenstände, in denen Dinge stehen, die wir suchen und gedankenlos verschlingen. David Grossman spricht in *Die Kraft zur Korrektur* (2008) von »Büchern, die ihn gelesen haben«. Da ist schon etwas dran: Als Leser ist man den Büchern ausgeliefert.

Bücher leben von ihren Lesern. Sie müssen von ihnen besprochen werden. So verbreitet sich in Teilen des öffentlichen Bewusstseins eine bestimmte Sichtweise, die eben das ist, was die Literatur beisteuern kann. Ideen sind nicht das, was Literatur ausmacht. Es sind die Beobachtungen aus einer so persönlichen Perspektive, dass von ihnen ein ganz eigener intellektueller Reiz ausgeht, dem begeisterte Leser erliegen.

Solche Leser spazieren durch die Straßen, und man merkt ihnen äußerlich nichts an; könnte man jedoch in sie hineinschauen, so sähe man ... bei ihr, ja ... bei ihm auch ... er, nein, er ist undurchsichtig. Und bei dem da ist auch nichts zu sehen, der ist vollgestopft mit Zahlen. Aber er, ja ... Und sie ... Könnte man in sie hineinschauen, sähe man einen selbstvergessenen Tanz tausender Büchernarren auf der ganzen Welt.

Lesen belebt neu

Wir lesen aus purem Egoismus, bewirken damit jedoch ungewollt etwas Altruistisches. Denn durch unsere Lektüre hauchen wir einem schlafenden Gedanken neues Leben ein. Was ist ein Buch, wenn nicht Dornröschen, was ist ein Leser, wenn nicht ihr Märchenprinz, selbst wenn er eine Brille trägt, kaum noch Haare auf dem Kopf hat und achtundneunzig Jahre auf dem Buckel? Ein geschlossenes Buch existiert, aber es lebt nicht. Es ist ein Quader, wahrscheinlich mit einer feinen Staubschicht bedeckt und nichts als eine leere Schachtel. Man könnte sagen, jede Lektüre ist eine Wiedererweckung. Mallarmé hat übertrieben, als er behauptete, der Leser sei der Schöpfer eines Gedichts. »Wiederbeleber« hätte genügt. Wir sind erwachsen genug, um den Leser, so wichtig er auch sein mag, nicht mit dem Schöpfer eines Werkes zu verwechseln.

Lesen, um die Leichen nicht ruhen zu lassen

Der Leser ist keineswegs so passiv, wie er glaubt. Dem Anschein nach ein Monolog, ist die Lektüre eine Form der Konversation. Im Übrigen ist das, was man gemeinhin als Konversation bezeichnet, in aller Regel nur ein brillantes Selbstgespräch, dem ein begeistertes oder geduldiges Publikum Gehör schenkt. Beim Lesen wird ein lethargisches Denken wachgerüttelt durch ein scheinbar passives.

Dabei wirken zwei Stimulanzien: die Sensibilität und die Erinnerung. Diese entscheiden darüber, welche Passagen uns berühren und wo wir die empfindsame Seite der Literatur finden. Sie und die Lektüre, ihre magere Kusine, haben das Beben gemeinsam. Ein geschriebener und gelesener literarischer Satz unterscheidet sich von denen anderer Textformen durch eben dieses Beben, das wiederum in der Unreinheit der Literatur ihren Ursprung hat.

Ich neige ein wenig dazu, Wörter in ihrem ursprünglichen Sinn zu verwenden, ohne Rücksicht auf die Konnotationen, die ihnen der Sprachgebrauch verliehen hat, und das ist ein Fehler. Der Sprachgebrauch schiebt einen bunten Filter vor die meisten Wörter. Wenn ich nicht darauf hinweise, dass ich Wörter ohne diesen Filter verwende, werden sie aller Welt in Farbe erscheinen und keinem so wie mir. Dabei möchte ich behaupten, dass die Verwendung von Wörtern in der Bedeutung, die ihrer Entstehung am nächsten ist, Sätze erzeugt, die den Leser stutzen lassen und seine Neugier wecken; wenn er ihren Sinn begriffen hat, wird er Geschmack daran finden, mehr zu verstehen als andere. Auf diese Weise ließe sich ein Club der Connaisseure gründen. Manchmal, etwa im Fall von Proust, werden solch elitäre Zirkel zu Massenveranstaltungen.

Zu wissen, dass man *am Anfang* nur eine Gruppe von Tausend war, reicht für das Selbstverständnis aus. Was für eine versnobte und naive Idee. Nun ja, sagen wir, sie hat etwas Japanisches: Wir sind die kleine Schar derer, die gewillt sind, eine Sache zu bewahren, die fragil und wertvoll und größer ist als wir selbst.

Wie dem auch sei, das Wort »Unreinheit« habe ich soeben im Sinne von »gemischt« verwendet, so wie auch eine Flüssigkeit unrein sein kann. Die Unreinheit der Literatur rührt nun daher, dass sie dem Denken lachhafte Emotion beimischt. Von daher ihre besondere Form. Ich verallgemeinere: Die Literatur ist etwas Geschriebenes, in das sich Emotionen mischen. Ich glaube nicht an den »Stil« als eine eigene, unverwechselbare Ausdrucksweise jedes guten Schriftstellers. Egos halten sich oft für einmalig. Dabei gehören sie einem Typus an. Die menschliche Person ist heilig, aber die Persönlichkeit gehört einer Gruppe an. Natürlich gibt es Nuancen, was jeden einzigartig und unersetzbar macht (übrigens das stärkste Argument gegen den Mord), aber sie reichen nicht aus, um zu behaupten, man könne an einem einzigen Satz den Schriftsteller erkennen. Man kann den Typ erkennen (den Enthusiasten, den Nörgler, den Rächer …), was natürlich ein Anhaltspunkt ist, aber um die Person zu erkennen, braucht man auch die Gedanken. Uff, ein guter Schriftsteller ist also ein Schriftsteller, der denkt. Das ist auch der Grund, warum besonders gehaltvolle Autoren wie Proust unendlich viele Kommentare nach sich ziehen. Extrem unterschiedliche Leser kommen bei ihm auf ihre Kosten. Jeder Kommentar zieht weitere Kommentare nach sich, und so heiligt sich die kreative Lektüre in der Exegese.

Hier droht ein Buch zur Bibel zu werden. Doch man liest nicht als Gläubiger, und ein Schriftsteller ist kein Gott. Man kann ihn lieben und verletzen, und ich denke, man hat sogar die Pflicht dazu. Ich bin nicht dafür, die Leichen in Frieden ruhen zu lassen. Eine Leiche, die man in Frieden ruhen lässt, ist endgültig tot.

Bombardiert die Friedhöfe!, betteln die Skelette, wenn sie nachts die Gräber verlassen, und strecken flehend ihre Fingerknochen den Flugzeugbäuchen entgegen, die blinkend in andere Gefilde verschwinden.

Man liest nur aus Liebe

Um es vorab zu sagen – wobei ich vermeintlich klärende Einleitungen, die doch nur Zweifel säen, genauso ablehne wie Schlussworte, die nichts abschließen – um es also vorab zu sagen: Wer viel liest, liest aus Liebe. Anfangs ist man in die Figuren verliebt; dann verliebt man sich in den Autor; und am Ende in die Literatur. Sie ist die Prinzessin, nach der wir ewig suchen, wenn wir dem Gefühl von Reinheit und Frische nachspüren, das wir beim Lesen unserer ersten Bücher empfanden und nun nicht mehr empfinden, was uns vielleicht zu Unrecht traurig stimmt. Wir haben unsere Naivität verloren, aber auch unsere Unwissenheit. Bevor wir lasen, schien uns noch das kümmerlichste Talent ein Pavarotti zu sein. Es ist wie bei einem Forschungsreisenden im Dschungel, der beim ersten Tausendfüßler, der ihm über den Weg läuft, in Entzücken gerät; wenn er nach monatelangen Märschen eine Lichtung erreicht, auf der zum Gesang von Leierschwänzen Feen tanzen, ist er auch hierfür keineswegs unempfänglich. Selbst wenn man viel liest, kann die Quantität der Lektüre ihrer Qualität nichts anhaben.

Der Zauber der Literatur wirkt häufig in der Kindheit. Viele streifen ihn nie ab. Das sind die Menschen, die aus Romanen Bestseller machen: Frauen, die wie kleine Mädchen von der Liebe träumen, lassen Schund, der sie darüber hinwegtröstet, dass sie einen Rüpel geheiratet haben, der beim Essen die Ellbogen auf den Tisch legt, die 300.000er-Marke erklimmen, und Männer, die immer noch spleenige Teenager sind, verlassen das von Privatsendern übertragene Fußballspiel nur, um von apokalyptischen Idioten geschriebene Zukunftsromane zu lesen.

Manchmal gesellen sich zu den Rössern der heißen Liebe die Schneepferde des eisigen Wissens, und der weiße Atem, der aus ihren gläsernen Nüstern quillt, nimmt uns unsere Unbefangenheit. (Ah, welch diebisches Vergnügen, schlecht zu schreiben und sich vorzumachen, es sei gut!) Deshalb werden große Leser immer anspruchsvoller: Weil sie gelesen und gelesen und immer weniger empfunden haben, suchen sie in der Rarität die Würze. Sie sind wie Verdurstende, deren Durst selbst mit Tankschiffen voll frischem Wasser nicht zu stillen wäre. Trinken! Trinken!, rufen sie, während sie mit rabiater Geste die edelsten Champagnerflaschen und Liköre von sich weisen.

Lesen aus Hass

Manche Menschen lesen aus Hass. Es sind Schriftsteller, die eifersüchtig auf ihre Kollegen, oder Kritiker, die eifersüchtig auf jeden sind. Bei den Erstgenannten heißt es: »Man liest sich nicht gegenseitig, man überwacht sich.« Wie großzügig. Ich nehme an, diese Leute verachten Malraux, der sich, als er einmal das Manuskript eines jungen Autors las, das dieser an den Verlag Gallimard geschickt und das man an Malraux weitergeleitet hatte, auf die Schenkel klopfte und rief: »So ein Freundchen! So ein Freundchen!«. (So hat es zumindest Emmanuel Berl erzählt.) Dass dieser junge Autor genauso schlecht schrieb wie Pierre Drieu La Rochelle steht auf einem anderen Blatt. Drieu hatte eine Art, die Malraux gefallen konnte, zudem war er ein Kind seiner Zeit, und so etwas wirkt modern, wenn es erscheint. Malraux hat in *Die Zeit der Verachtung* geschrieben – man könne die Welt in Menschen einteilen, denen die bittere Genugtuung, jemanden zu verachten, Freude bereitet, und Menschen, die nicht einmal daran denken. Die Letzteren leben in Gefahr. Man kann sie auch in Malraux-Hasser oder -Nichthasser einteilen. Der Hass auf Malraux war lange Zeit symptomatisch für einen bestimmten Typus Mensch. Irgendwann war es damit wieder vorbei. Wie bei Camus. Camus nicht zu mögen, konnte 1955 bedeuten, dass man unmenschlich war (Faschist oder Stalinist). Im Jahr 2010, da der politische Streit, in dem Camus Position bezogen hatte, längst vergangen ist, gilt das höchstens noch in den Köpfen derer, die diese Zeit miterlebt haben und daran festhalten, weil sie sich keinen literarischen Grund vorstellen können, der gegen Camus spräche. Obwohl, es gibt auch kluge 85-Jährige.

Welch ein Klüngel, diese Schriftsteller! Ein Fußbad der Missgunst. Ich glaube, ich werde Bühnenautor, die hassen sich weniger, wenn man Paddy Chayefsky glauben darf, dem Autor von *The Latent Heterosexual* (1968), was ich übrigens noch lesen muss. Antonia Fraser schreibt darüber in *Musst du wirklich schon gehen?* (*Must you go?*, 2010), dem Tagebuch ihrer Ehe mit Harold Pinter, sehr interessant, *and so chic*, etwas zu schick vielleicht. Auf zwei Seiten liefert sie ein Resümee dessen, was rückblickend in der zweiten Hälfte des 20. Jahrhunderts im Westen die kleine verschworene Gemeinschaft der »Kaviar-Linken« ausmachte: Die englische Gruppe empfängt aufgeregt einen südamerikanischen Revolutionär, der sich inzwischen zu einem lokalen Führer gemausert hat, Daniel Ortega aus Nicaragua. Die Treuherzigkeit dieser Leute ist nicht unsympathisch, denn sie entspringt dem Bedürfnis, richtig zu handeln, wohingegen der systematische Widerstand gegen den Fortschritt manchmal der Verachtung entspringt.

Auf der Suche nach einem Beispiel für eifersüchtige Kritiker – so viele sind es nicht – habe ich tagelang eine Zeitschrift durchforstet, von der ich glaubte, dass ich darin fündig werden würde. Ich wurde fündig, aber nicht glücklich. Es ist so, als hätte man in Mülleimern gewühlt. Ich habe eine Frau entdeckt, eine strenge Richterin über anderer Leute Stil, die selbst wie eine gehässige Gymnasiastin schreibt und sich, bloß weil sie ihre Platitüden in rabiate Worte fasst, für scharfsinnig hält. Sie liebt es, Schriftsteller anzugreifen. Diese Leute, die uns angreifen, haben nicht immer Talent. Deshalb suchen sie Zuflucht im Vulgären. Um die Schwäche ihrer Argumentation wettzumachen, schreibt diese Frau in der Wir-Form. »Wir«, das Feuilleton ihrer Zeitschrift. Auf diese Weise zieht sie Menschen in ihre Machenschaften hinein, denen ihr sektiererisches Auftreten unangenehm ist. So schreibt jemand, der sich, noch feucht hinter den Ohren, schon für eine Prophetin hält. Es gibt also eine Art des Lesens, die kriecht und geifert. Da ich aber nicht die geringste Lust auf Dinge habe, die mir keine Freude bereiten, überlasse ich es den Moralisten, diese weiter zu untersuchen.

Und jetzt ein bisschen frische Luft.

Darf ich bitten?

Während es noch vor fünfzehn Jahren das Buch der Bücher war, steht seit 2010 fest, dass *Die Schöne des Herrn* von Albert Cohen ein schlechtes Buch ist. So lautet ein unumstößliches Gesetz. Im Fernsehen reitet ein Drehbuchautor in meinem Beisein eine Attacke gegen den Text. Wofür halten sich Drehbuchautoren eigentlich, du lieber Gott? Ich habe die Frage für mich behalten und versucht, auf seine Kritik einzugehen. (Wenigstens ein Talent hat dieser Mensch: anderen die Schuld für die eigene Unfähigkeit in die Schuhe zu schieben, aber auch das behalte ich für mich.) Wenn es Ihnen nicht gelungen ist, aus Albert Cohens Roman eine Geschichte zu machen, erwidere ich, dann liegt dies wohl daran, dass dieser Roman nicht von seiner Handlung lebt, sondern von den Figuren, von Ariane und Solal, Solal, eine der wundervollsten Nervensägen der französischen Literatur. Und eine der nervigsten Figuren der französischen Literatur erfunden zu haben, das ist doch was! Zudem ist es ein satirischer Roman, in dem zugleich ein Mittelalter-Roman steckt. Weil Solal fürchtet, dass »das Gesellschaftliche«, wie er es nennt, seine Liebe zu Ariane töten wird, sperrt er sie ein: Mittelalter-Roman. All dies geschieht im mondänen Milieu der Madame Deume, einer prätentiösen dummen Gans, und ihres Sohns, eines ausgemachten Nichtsnutzes, der beim Völkerbund Bleistifte anspitzt. *Die Schöne des Herrn* ist wie ein Hanswurst auf einem Trampolin voller Narren. Es ist sehr viel mehr als eine Geschichte, es ist ein Bild. Ein Bild, das uns Cohen auf geschickte, geistreiche, zauberhafte Weise nahebringt. Man liest ein Buch nicht um der Geschichte willen, man liest ein Buch, um mit seinem Autor ein Tänzchen zu wagen.

Die angenommene Passivität des Lesers

Es gibt Momente, in denen es dem Leser durchaus gelegen kommt, sich in einer passiven Rolle zu sehen. Dann nämlich, wenn er von einem Buch nicht begeistert ist. Nur hat man bloß, weil man nicht begeistert ist, nicht unbedingt recht. Der Leser vergisst häufig, wenn er dem Autor etwas vorwirft, dass er möglicherweise selbst Schuld daran trägt. Er kann unter schlechten Voraussetzungen gelesen haben. Schlecht gelaunt gewesen sein. Nicht wirklich gelesen, sondern nur nach der Bestätigung seiner Vorurteile gesucht haben. Doch all das bedenkt er nie. Schuld trägt immer der Autor. Obwohl es durchaus vorkommt, dass dieser gescheiter ist als sein Leser.

Im Allgemeinen wird vorausgesetzt, Leser seien anständige Menschen, *alle* Leser seien anständige Menschen. Aber auch Idioten lesen. Sie sind das Publikum für Bücher, die behaupten, die Attentate des 11. September 2001 seien von Amerikanern verübt worden. Hohlköpfe. Oder für Bücher, in denen die Gesellschaft des Spektakels niedergeschrien wird, Bücher von Guy Debord. Fieslinge. Oder für Bücher von Louis-Ferdinand Céline. Zyniker. Und dann gibt es noch die Dummen, eine ideale Leserschaft für aggressive Essays von pedantischen Autoren. Doch kehren wir diesen verabscheuungswürdigen Lesern den Rücken, denn über schlechte Menschen kommt man nicht zu guten Gedanken.

Die fügsame Leserin

Magritte wählte für seine Bilder meist erklärende Titel, wie etwa die *Fügsame Leserin*, die mit ihrer großen Nase und den dicken Augenbrauen der Callas ähnelt und der beim Lesen in einem Buch ein Aufschrei entfährt. Wie würde man Magrittes Bilder interpretieren, hätten sie keine Titel? Wäre die Ironie überhaupt zu erkennen? Und beweist das nicht die Schwäche der Ironie?

Gehen wir davon aus, dass der Titel bei Magritte Teil des Bildes ist, weshalb er ihn manchmal sogar direkt auf die Leinwand malt wie bei *Ceci n'est pas une pipe*. Heute würde Magritte vielleicht Museumsbesucher malen, mit übergestülpten Kopfhörern, die Augen aufgerissen wie die *Leserin*. Titel des Tableaus (auf die Leinwand gemalt oder nicht): *Die Audioguides*. Die Audioguides! Die Leute bestehen auf ihre Gedankenlosigkeit. Dabei sind wir nur, während wir lesen, vor der Pädagogik sicher. Die Lektüre kann in eine bestimmte Richtung gelenkt worden sein [vorher] und zu Interpretationen führen [nachher], aber währenddessen ist man auf sich gestellt. Was manchmal einem Kampf gleichkommt: Der Leser gegen das Buch, das ihn irritiert; der Leser gegen sich selbst und sein eigenes Unverständnis. – Bleibt es ein Duell oder wird es zum Duett?

Lesen, um die Buchmitte zu überwinden

Ich lese *Der Mann ohne Eigenschaften* von Musil. Es ist ein langes Buch. Zwei Bände mit jeweils tausend Seiten. Es hat etwas von einem Kampf, diese Berge zu besteigen. Ah, du glaubst, du kannst mich bezwingen? Langsam, grimmig und mit viel Geduld erklimmt man die erste Hälfte und denkt schon an den Abstieg, der leichter sein wird. Dabei packt einen ein Hochgefühl, in das sich Empörung mischt. Wie unverfroren, so viele Seiten zu veröffentlichen! Was für eine Zumutung! So etwas verzeiht man nur dem Genie, glücklicherweise habe ich es hier mit einem solchen zu tun. Also los, weiter geht's! … Nur noch sechzig Seiten! … Neunundfünfzig! …

Um der Titel willen lesen

Ich frage mich, ob ich nicht noch einen Grund fürs Lesen gefunden habe: das Bedürfnis, sich selbst zu widersprechen. Wenn ich einen Autor nicht mag, nehme ich ihn mir ein zweites Mal vor. Komm schon, die Schuld liegt bei dir, vielleicht ist er ja doch sehr gut! Wenn ich herausfinde, dass ich mich tatsächlich getäuscht habe, bin ich begeistert. Ich habe ein Vorurteil abgelegt.

Bei Marguerite Duras hätte ich mich damit zufriedengeben können, dass sie mir auf die Nerven geht. Ich hätte nur die Titel lesen sollen. Sie sind exzellent. *Les Yeux bleus cheveux noirs* (dt. *Blaue Augen schwarzes Haar)*. Klingt wie eine moderne Fassung des wunderschönen Titels von Thomas Hardy, *Blaue Augen*, der sich auf Englisch allerdings besser macht: *A Pair of Blue Eyes* (1873). Oder auch *Des journées entières dans les arbres* (dt. *Ganze Tage in den Bäumen)*. Die Titel zeigen am deutlichsten den Beckett'schen Einfluss auf ihr Werk. *La Pute de la côte normande* (dt. etwa: Die Hure von der normannischen Küste). Als Feindin der Wohlanständigkeit spricht sie Dinge gern unverblümt aus. Alle ernstzunehmenden Schriftsteller, diese Flegel, beschreiben Dinge, von denen sich das Establishment für den eigenen Seelenfrieden wünschen würde, sie blieben unausgesprochen. *Dix heures et demie du soir en été* (dt. *Im Sommer abends um halb elf)*. Könnte auch ein Françoise-Sagan-Titel sein. (Bei dem Vergleich knirschen Duras-Fans mit dem Gebiss.) Hier zeigt sich, dass ein Titel ohne Autorenname seine Bedeutung nicht voll entfalten kann. Gibt es das eigentlich in der Literatur, einen Titel ohne Autor? Mit anderen Worten Titel, deren Autoren anonym geblieben sind? Die gibt es allerdings, und wir hören nie auf nach den Autoren zu suchen. Ganz Frankreich fragte sich jahrzehntelang, wer die *Geschichte der O* geschrieben hatte, diesen erotischen Roman aus dem Jahr 1954. Als bekannt wurde, dass ihn Dominique Aury verfasst hatte, eine Übersetzerin und Verlagsangestellte, verlor das Buch schlagartig an Strahlkraft. Bis dahin hatten Vermutungen kursiert, der Autor sei dieser oder jener bekannte Schriftsteller. Die Nähe zu Jean Paulhan, ein berühmter Zeitschriftenherausgeber und Verleger, der das Vorwort verfasst hatte, machte den Roman noch reizvoller, weil man zwischen den Zeilen nach Hinweisen auf seine Autorschaft suchte – und diese natürlich auch zu finden glaubte. Wer sucht, der findet, was er will. Zwischen den Zeilen liegt ein wunderbarer, magischer Raum, welcher Lesern, die des Denkens überdrüssig sind, ermöglicht, was sie eigentlich wollen: sich überzeugen lassen.

Ein Titel erlangt seine vollständige Bedeutung erst in Verbindung mit dem Namen des Autors. *Im Sommer abends um halb elf* könnte nicht nur ein bürgerlicher Roman sein, der in Théoule spielt, sondern genauso gut eine englische Kriminalkomödie oder der innere Monolog eines russischen Mystikers kurz vor seinem Selbstmord, kurzum, ein Titel für sich allein will gar nichts heißen. Marguerite Duras, *Im Sommer abends um halb elf* hingegen, bitteschön, das sagt etwas aus. Bücher werden von Menschen geschrieben, und nur Leute, die in ihrem Leben schon manch eine Schweinerei begangen haben oder schlichtweg an Überheblichkeit leiden, behaupten: »Meine Biographie ist meine Bibliographie.« Nur Dreckskerle verstecken sich hinter dem Ästhetizismus. Das ist auch der Grund, warum wir in einem Schriftsteller, wenn es gut läuft zwischen uns und seinem Buch, einen Freund finden, ja wirklich, einen richtigen Freund. Der Autor hat Fehler. Wie ein Freund. Man mag ihn, und man ärgert sich über ihn. Wie über einen Freund. Habe ich, der Leser, etwa keine Fehler? Würde sich der Autor nicht auch über mich ärgern, wenn wir uns begegneten?

So ein Schriftsteller ist eine praktische Sache, weil man ihm Fehler anhängen kann. Womit ich nicht sagen will, dass Schriftsteller keine Verantwortung tragen, welch eine erbärmliche moralische Haltung, welch eine erbärmliche literarische Haltung wäre das. Wenn wir jede Verantwortung ablehnen, ist unsere Literatur nichts als leeres Geschnatter.

Lesen, um nicht mehr Königin von England zu sein

Auf einem Spaziergang rund um ihr Schloss bleibt Königin Elisabeth II. vor einem Bibliotheksbus stehen. Hocherfreut leiht ihr der Bibliothekar ein Buch, das sie auf gut Glück herausgegriffen hat, den Roman einer Autorin, von der sie in ihrer Jugend gehört hatte. Doch das Werk von Ivy Compton-Burnett, einer mondänen Schriftstellerin der 1930er Jahre, langweilt die Königin. Peu à peu landet sie bei Proust, den sie sich, wenn sie offiziellen Defilees beiwohnen muss, auf den Schoß legt und liest. Ihre Entourage macht sich Sorgen. Ist es Alzheimer? Und überhaupt ist ihr Verhalten nicht *politisch korrekt*: Lesen *schließt aus*. Am Bibliotheksbus begegnet die Königin einem ihrer Köche. Weil der sie so gut berät, verleiht sie ihm einen hohen Rang. Doch der eifersüchtige Berater des Premierministers will den früheren Koch loswerden und schickt ihn zum Studium an eine ferne Universität, wo die Königin ihm später wieder begegnet. Als sie den Schachzug durchschaut, wirft sie den Berater des Premierministers raus. Bei einer Feier zu ihrem 80. Geburtstag verkündet sie ihren Ministern, sie werde ein Buch schreiben. Ein Buch … Ah ja, Erinnerungen an die Kindheit, den Krieg … Nein, nein, antwortet die Königin; man habe da schon eher an etwas Literarisches gedacht. Ma'am, die einzigartige Stellung, die Sie bekleiden, erlaubt es Ihnen nicht, und auch Ihr Onkel, der Herzog von Windsor, konnte *Eines Königs Geschichte* nur schreiben, weil er vorher abgedankt hatte. Antwort der Königin und letzter Satz des Buches: »Was glauben Sie denn, warum Sie alle hier sind?«

Die souveräne Leserin von Alan Bennett (*The Uncommon Reader*, 2007) präsentiert sich als Fabel über das Lesen und seine subversive Kraft. Doch in Wirklichkeit ist es ein Buch über Literatur. Als der Premierminister der Queen antwortet, sie stehe über der Literatur, erwidert die Queen: »Wer kann denn über der Literatur stehen?« – eine Frage, die natürlich keine Königin der Welt jemals gestellt hat.

Lesen und Macht

Die einzige Frage, die man sich im Hinblick auf einen Chef stellen sollte, lautet: Würde er die Bibliothek von Alexandria anzünden? Erscheint einem dieser Gedanke nicht plausibel, ist er gutmütig, und es besteht kein Grund zur Sorge. Andernfalls haftet ihm wohl etwas Vulgäres an. An Kalif Omar, den Schwiegersohn von Mohammed, erinnern wir uns, weil er mit der Vulgarität eines Fanatikers die endgültige Zerstörung dieser Bibliothek angeordnet hat (642, Eroberung Ägyptens), der wertvollsten Sammlung der Antike, deren Manuskripte für immer verloren sind. Der Zynismus von Tyrannen aus gutem Hause kann genauso zerstörerisch sein wie der Glaube, wenn er von dahergelaufenen Ehrgeizlingen instrumentalisiert wird. Solche plötzlich an die Macht gekommenen Menschen sind häufig konservativ, weshalb sich manchmal ausgerechnet die schlimmsten Diktatoren als Förderer der Lektüre entpuppten. In der Sowjetunion waren Bücher günstig, in den Schulen wurde zaristische Literatur gelehrt – wenn auch nur, um zu beweisen, dass der Realsozialismus über die Feudalherrschaft gesiegt hatte –, und die Manuskripte der Klassiker wurden sorgsam verwahrt. Der aus Büchern geborene Bolschewismus stellte das Buch unter seinen Schutz. Marx hat Puschkin gerettet. Beide Mitglieder der schreibenden Zunft! Ich denke nicht ohne Melancholie an den Sommer 1988 zurück, den letzten fröhlichen Sommer für unsereins, die Elite der Partei, als wir auf der Terrasse unserer Datscha am Ufer des Schwarzen Meeres noch einmal *Der Marxismus und die Fragen der Sprachwissenschaft* von Josef Stalin lasen (das meiner Meinung nach besser ist als *Die ökonomischen Probleme des Sozialismus in der UdSSR*).

Man möge lieber meine Bücher verbrennen als Menschen.

Lücken lesen

Einer der ersten Erwachsenenromane, die ich las, war das *Satyricon* von Petronius (Leser: zweite Hälfte 20. Jahrhundert; Autor: Mitte 1. Jahrhundert), und ich habe mich sehr gefreut, als ich erfuhr, dass dieser Text als erster abendländischer Roman gilt. Es ist ein munterer Roman. Spitzzüngig. Und fragmentarisch. Man erklärte mir, von antiken Büchern seien nur Abschriften erhalten, die in mittelalterlichen Klöstern angefertigt worden seien. Den Mönchen ist es hoch anzurechnen, dass sie mit ihrer naiven Liebe zu allem Geistigen ein Leben lang Bücher abschrieben, deren Religion ihrem Glauben widersprach, Bücher, die manchmal äußerst gewagte Dinge enthielten. Schlug vielleicht schon die Stunde zum Vespergottesdienst, weshalb der Bruder, der sich um Petronius kümmerte, mit geraffter Soutane, die Abschrift unter dem Arm, zum Refektorium eilte? Sind ihm dann in seiner Hast einige Blätter entglitten, die vom Wind ergriffen und auf einen Haufen Papier getragen wurden, der für die Verpackung von Likörflaschen bereitlag? Oder wurden die alten Papierbogen von Insektenflügeln entführt? Jedenfalls liegt uns das *Satyricon* nur unvollständig vor. Die Lektüre seiner Lücken hat etwas Faszinierendes. Weniger als das, was geblieben ist, und nur existent aufgrund dessen, was geblieben ist. Was hat diese Lücke einst gefüllt?, fragt man sich jedes Mal und wird noch mehr zum Sherlock Holmes, als man es ohnehin bei jeder Lektüre ist. Angeblich ist das *Satyricon* erst im Laufe seiner Reise durch die Zeit zum Lückentext geworden. Nun gut. Wenn ich nun aber behaupte, es liege nicht an der Zeit, sondern an Petronius' Genie? Dass er seine Lücken selbst entworfen hat? Die Herablassung, mit der die Gegenwart der Vergangenheit begegnet, ist manchmal geradezu lachhaft. Schon mal gehört, dass es auch früher intelligente Leute gab? Also habe ich mir gesagt: Schreiben wir einen Lücken-Roman. Gesagt, getan: *Nos vies hâtives* hat sich zugegebenermaßen nicht gerade blendend verkauft.

Der Leser schafft sich wohl seine eigenen Lücken, indem er Seiten überspringt.

Lesen, um zu masturbieren

In einem frommen Buch, einem Erbstück meiner Familie, habe ich die Hölle gesehen. Eine gewaltige Hölle, erhaben und wimmelnd von unzähligen Gestalten. In der Mitte dieser Radierung saß der Teufel auf einem Thron. Ganz ruhig saß er da. Das machte ihn umso bedrohlicher. Zu seinen Füßen waren die sieben Höhlen, eine für jede Todsünde – symbolisiert durch eine Schildkröte, einen Spiegel etc. –, in denen die Seelen gefoltert wurden. Ich war noch ein Kind, und ich war schockiert. Immer wieder griff ich zu dem Buch. Die Hölle ist verführerisch. Man kann ihr diesen Vorwurf ruhig machen, schließlich gibt es sie ja gar nicht.

Es ist ärgerlich, dass unserem Verstand in jungen Jahren die Angst zur Seite steht.

Im Erwachsenenalter trat an diese Stelle die Sexualität, allerdings nur heimlich. Natürlich wusste ich nicht, dass die Nationalbibliothek ihre erotischen Bücher hinter einer besonderen Signatur verbarg: »Enfer«, zu Deutsch: Hölle. Was im Übrigen gar nicht mehr nötig war: Pornographie war inzwischen legal. In der zehnten Klasse kursierten unter unseren Pulten Taschenbuchausgaben des Marquis de Sade, die schwarzen Einbände vom vielen Lesen nach oben gewölbt wie gekochte Artischocken. Welch eine Leidenschaft für die Literatur! Die wahre Funktion dieses Schriftstellers offenbarte sich mir bald, aber ich fand auch, dass er geheimnisvoll schrieb. Ich täuschte mich in jeder Hinsicht: Er schrieb schlecht, im mittelmäßigen Stil seiner Zeit, und doch war seine Funktion komplexer als die einer Inspiration zum Masturbieren. Er macht den Sex zu einem revolutionären Akt, und das passte gut zu meiner pedantischen Epoche, in der hys-

terische Professoren erklärten, alles sei politisch. Die Fröhlich-
keit des Sex, seine essentielle und selbstvergessene Leichtigkeit
wurden auch damals geleugnet. Der Kampf gegen die Heuchelei
hat zu meiner Zeit das heuchlerischste aller Mittel gewählt und
behauptet, keineswegs um der Lust willen die Türen der Hölle
aufzustoßen.

Aber immerhin hat man sie aufgestoßen, und es schadet nicht,
Schriftsteller der Vergangenheit neu zu interpretieren und in ihnen
einen neuen Nutzen für uns zu finden. Das frischt sie auf. Manch
einem arrivierten Schriftsteller hat die posthume Veröffentlichung
freizügiger Briefwechsel schon neue Sympathien eingebracht,
auch wenn er es sich dadurch mit seiner bürgerlichen Leserschaft
verscherzt haben mag. Diese bürgerliche Klientel findet immer einen respektablen Ersatz und hätte ihn ohnehin früher oder später
gnadenlos aus ihrem Gedächtnis gestrichen.

Mit einer erotischen Deutung der Gedichte von Emily Dickinson, ausgehend von dem Vers *I taste a liquor never brewed*, hätte
ich einer routiniert heruntergeschnurrten, spiritualistischen
Interpretation etwas Neues entgegengesetzt. Ich hätte vielleicht
nicht Recht, aber ich würde immerhin dafür sorgen, dass man sich
wieder für Dickinson interessiert.

Ähnlich verhält es sich mit Theaterinszenierungen, über die alte
Menschen aller Generationen, die sich für diese Kunst interessieren und sich die Eintrittskarten leisten können, immer schimpfen.
Inszenierungen dieser Art sind wie eine frische, kräftige Brise für
die starren Klassiker, zu denen alle namhaften Theaterstücke nach
einigen Jahrzehnten verkommen. Da flattern die Spitzenkleider,
da purzeln die Schleierhütchen, und der muffige Geruch verzieht
sich! Und selbst wenn am Ende nur eine Wachsfigur mit entblöß-
tem Hintern zurückbleibt, hat man wenigstens etwas anderes
getan, als bloß eine Aufführung wiederzukäuen.

Schriftsteller werden umgelenkt wie Flüsse. Das ist das Beste,
was ihnen passieren kann. Weil ich der festen Überzeugung bin,

dass sich die Nachwelt zusammensetzt aus Zeitgenossen, die es langweilt, immer wieder dasselbe zu hören, und die sich deshalb neuen Büchern zuwenden, werde ich persönlich versuchen, meine Nachwelt mit einigen posthumen Werken zu überraschen. Mit ihnen werde ich meine früheren Leser enttäuschen; die künftigen Leser aber werden vielleicht aus Entdeckerdrang und Freude am Widerspruch sagen: »Er war nicht so, wie ihr immer behauptet habt. Wir sind die einzigen, die ihn verstanden haben.« Das wird ungerecht sein, aber wenn Sie glauben, die Nachwelt sei gerecht, dann rate ich Ihnen, sich sofort das Leben zu nehmen.

Literatur entzieht sich der Moral. Alte Kamelle, schon gehört, langweilig. Aber so einfach ist das nicht. Im Jahr 2007, beim zweiten Wahlgang zur französischen Präsidentschaftswahl, hatten wir zwei Kandidaten, die für *Werte* einstanden. Bei den Parlamentswahlen 2010 in Ungarn, Holland und dem belgischen Flandern haben die reaktionärsten Parteien gewonnen. Sie haben ein närrisches Programm, eine närrische Kampagne, ein närrisches Benehmen, und selbst wenn sie verlieren, hören sie nicht auf, närrisch zu sein. In der Slowakei, wo die Nationalisten ihre ehrgeizigen Ziele nicht erreicht haben, erklärte ihr enttäuschter Chef:»Die Homosexuellen und die Ungarn werden den Staat beherrschen.« Narren können das Fürchten lehren. In Amerika hat die republikanische Partei eine Narrentruppe aufgestellt, die auf Stimmenfang gehen soll – in der Hefe des Volkes, wie es bei Saint-Simon heißt (in seinem Fall eine kleinbürgerliche Hefe), und zwar mit Hilfe von rassistischen, bigotten und außerordentlich resoluten Erklärungen. Möglicherweise wird es Sarah Palin wie Frankensteins Kreatur gelingen, ihren Schöpfern zu entkommen und sich selbst zur Präsidentschaftswahl aufzustellen. Dann wird uns das Lachen vergehen. Wir Repräsentanten der zivilisierten Welt wissen, dass uns die Narren zu Sterblichen machen. Man muss sie sofort erledigen.

»Erst als seine Macht unüberwindlich geworden war und er unmittelbar auf den Umsturz hinarbeitete, merkten sie zu spät, dass jegliches Unternehmen, mag es im Anfang noch so unbedeutend scheinen, durch Ausdauer zu unwiderstehlicher Macht anwachsen kann, wenn man es unbeachtet lässt.«

Plutarch, *Römische Heldenleben. Cäsar*

Ein Wind der 1930er Jahre weht um die Welt. Er riecht nicht gut. Wären diese Vorkämpfer für sogenannte Werte imstande, bei einem Buch die masturbatorische Funktion von der literarischen zu unterscheiden? Doch wir sollten uns vor allzu schnellen Vergleichen hüten, sollten Gegenwart und Vergangenheit nicht leichtfertig in einen Topf werfen, denn die wirkliche Gefahr ist immer ein bisschen anders und droht vielleicht von unerwarteter Seite. In unserer Welt, in der sich Rückschritt und Unanständigkeit verquicken und zugleich eine zügellose Lust am Verbot herrscht, schwant mir wie dem Abbé Blanès in Stendhals *Kartause von Parma*, dass seltsame Stürme heraufziehen.

Die gesellschaftliche Heuchelei in puncto Sexualität ist so groß, dass es tatsächlich noch Menschen gibt, die sich als sexuelle Stimulanzien Bücher kaufen, die dafür gar nicht gemacht sind. *Das sexuelle Leben der Catherine M*, in dem Catherine Millet versucht hat, aus ihren Erfahrungen im Partnertausch Literatur zu machen, hat sich bestimmt nur deshalb hunderttausendfach verkauft, weil es als Veröffentlichung eines respektablen Verlags gekauft werden konnte, ohne dass sich die triebgesteuerten Irren verschämt in Sex-Shops stehlen mussten. Die Enttäuschungen dürften größer gewesen sein als die Erektionen.

Das Problem gewisser Romanautoren, die anfangen, über Sex zu schreiben, liegt darin, dass sie beim Schreiben von ihren Obsessionen beherrscht werden. Da liebt jemand sehr junge Mädchen, na schön, aber es überkommt ihn in einer solchen Weise, dass er sich nicht bremsen kann. Auf diese Weise verrät er eine seiner

Aufgaben – Emotionen eine Form zu geben, anstatt sich die Form von den Emotionen diktieren zu lassen. Sein Buch trägt am Ende nur zur Befriedigung einer bösen Begierde bei. Das weiß der Leser und verachtet dieses Buch, das keine ästhetische, sondern eine rein pragmatische Funktion erfüllt.

Ein befreundeter Schriftsteller fragte sich, warum es ihm eigentlich nie gelungen ist, ein literarisches Buch zu schreiben, das auch pornographische Passagen enthält. Die Pornographie ist ohne jeden Zweifel zweckgebunden, während die Literatur keinen Zweck erfüllt. Aus diesem Grund lassen sich beide nicht miteinander verbinden, man kann mit Pornographie keine Literatur machen. Pornographie hat eine Funktion, Literatur ist ein Zustand. Ein Symptom dieser unmöglichen Verquickung ist die begriffliche Vielfalt: Wie kann es sein, dass Sex die einzige menschliche Tätigkeit und dass die Geschlechtsorgane die einzigen Teile des menschlichen Körpers sind, für die ein so umfangreicher Wortschatz zur Verfügung steht? Es gibt nur ein Wort für »Hals« oder »Ohr«, während ganze Wortfelder bereitstehen, sobald über die Sexualität gesprochen wird. Je nachdem, ob man »Vagina«, »Muschi« oder »Fotze« sagt, wählt man ein medizinisches, ein lockeres oder ein vulgäres Feld. Es scheint fast unmöglich, auf schlichte Weise über Sexualität zu sprechen. Ich frage mich, ob nicht Schamgefühle die Ursache sind.

Wie war er wohl, der Mann, der in der Nationalbibliothek auf die Idee verfallen ist, die Abteilung für erotische Bücher per Signatur als Hölle zu bezeichnen? Ein Humorist oder ein Überzeugungstäter? Ein Buckliger mit Hängebacken, der jeden Abend nach Hause ging, um vor entliehenen Büchern verschämt zu masturbieren, oder ein junger Spaßvogel, der sich bei einer Besprechung über einen prüden Beamten mokieren wollte? Ein schönes Romansujet. Der Wortschatz der Nationen ist der Roman der Welt.

Von der erwachsenen Emily Dickinson ist nur ein einziges Porträt überliefert. Sie hat Glück. Seit hundertfünfzig Jahren wird es unendlich oft abgedruckt. Es verankert ihr Bild in den Köpfen eines überfrachteten Publikums. Auch ein Teil des Ruhms von Rimbaud rührt von seinem Foto her, jung und zerzaust, die blau-weißen Augen eisern auf eine Zukunft gerichtet, die gut daran täte, nicht mehr allzu lange auf sich  warten zu lassen, bereit, genau die Institutionen zu zerschlagen, die sein Bildnis vereinnahmen werden, um sein Denken besser totschweigen zu können.

Lesen, um sich zu widersprechen

Zu Marguerite Duras' Büchern habe ich wie gesagt immer wieder gegriffen, mit einer Bereitwilligkeit, die mich heute selbst entsetzt. Bei ihren Meisterwerken *Die Verzückung der Lol V. Stein* und *Die Krankheit Tod* habe ich das allerdings nicht fertiggebracht. Sie wollen zu sehr Meisterwerk sein, zu offensichtlich. Das Genre Meisterwerk vermag durchaus zu beeindrucken. In erster Linie aber den Autor selbst. Diese Werke sind keine Bücher, sondern Spiegel. »Roman, Roman, sag mir, wer ist der genialste im ganzen Land.« Bei diesem Wettbewerb der Bewunderung zwischen dem Autor und seinem Buch hat der Leser das Gefühl zu stören und liest schnell etwas anderes.

Von Duras mag ich trotzdem manche Romane und noch mehr ihre zusammengeschusterten Bücher – Zeitungsartikel, Erinnerungen, Interviews, Blabla, kurzum Dinge, die sie – knauserig wie sie war – gehortet hat, denen sie aber aus Eitelkeit keine Form geben mochte. Es ist gut, dass die Eitelkeit sie hier gebremst hat.

Die Schriftstellerin Duras hätte nur etwas Verkrampftes daraus gemacht. Und so kommt es, dass ich mir selbst widerspreche, was ich zwar nicht stolz aber frohen Herzens tue, weil es getan werden muss: In meiner Bibliothek befindet sich unter anderem *Das tägliche Leben, Der Schmerz, Sommer 1980 …*

Ja, richtig, *Sommer 1980*. Das ist eine Sammlung von Artikeln, geschrieben für die Tageszeitung *Libération*, die sie darum gebeten hatte, das Weltgeschehen zu kommentieren. Sie reicherte dieses mit Gefühlen an, indem sie etwa einen kleinen, traurigen Jungen in einem Ferienlager in Trouville beschreibt. Ich möchte wetten, dass sie diesen kleinen Jungen erfunden hat. Er taucht als Figur im ersten Artikel auf, dann findet er nach und nach in seine Rolle. Er erhält einen Vornamen, eine Geschichte. Was für eine gute Idee. Ein fiktiver Hintergrund, von dem sich der Rest abhebt. Offensichtlich erfunden ist auch die Passage, in der sich Duras die Fragen ausdenkt, die ein Interviewer einem Antikommunisten beim Danziger Streik stellen würde. Sehr geschickt auch die Konstruktion, in der sie behauptet – wie Proust, der am Ende von der *Suche nach der verlorenen Zeit* ankündigt, er wolle die *Suche* nun schreiben –, dass sie nichts zu sagen habe und dass ihr die Leute von der *Libération* raten, eben davon zu erzählen (im Duras-Stil), bis dann, in der letzten Zeile des Artikels, der Satz kommt: »Da beginne ich, den Text für *Libération* zu schreiben.«

Es gibt auch schöne emphatische Passagen – ihre wohl besten Inszenierungen, ganz im Stil der einstigen Schülerin französischer Bildungsstätten, eingewiesen in die Kunst der klassischen Tragödie:

»Die Septemberfluten sind da. Das Meer ist weiß, toll, toll vor Tollheit, vor Chaos, es sträubt sich in stetiger Nacht.
Das Meer läuft Sturm gegen die Molen, gegen die Lehmhänge, reißt Blockhäuser aus, durchwühlt Häuser und Sand, toll ist es, sehen Sie nur, toll.«

Eine schöne Formulierung ist auch: »Der Sommer ist da, ohne Zweifel.« Für alle Zweifler sei hier festgehalten, dass dieses »ohne Zweifel« ganz ausgezeichnet ist. Es erspart uns langweilige Sätze, in denen steht, dass die Sonne scheint, dass es heiß ist, dass man träge ist.

Auch was die so wortgewandte Duras mit Namen und Benennungen anstellt, ist immer interessant. Zum Beispiel im Drehbuch zu *Hiroshima mon amour,* dem Film von Resnais, der vermutlich das Grauen des Krieges zeigen will: Duras verwehrt darin den Menschen eigene Namen, um sie nicht als Individuen, sondern als Angehörige einer Gruppe zu zeigen, wodurch sie ihr Land verkörpern. In Kriegszeiten ist man nicht mehr Marguerite, sondern Frankreich. Man ist nicht mehr Kurt, sondern Deutschland. Und Marguerite hat kein Recht dazu, sich in Kurt zu verlieben. Übrigens findet solcher Namensverlust in allen Krisensituation statt wie auch in allen dogmatischen Organisationen: im Klerus, wo man seinen Namen ändert, in fanatischen politischen Verbindungen, wo man den Kämpfern das Heiraten untersagt, und ich weiß nicht was sonst noch alles.

Es ist eine Sprachphilosophie zu finden bei dieser Frau, welche die Aphasie – die Sprachlosigkeit – und den Psittazismus – die Nachplapperei – zu ihren literarischen Instrumenten zu machen scheint; leider jedoch auch die Emphase, ja, sie hat eine Form von aphasisch gestörter Emphase kreiert. Sie hat gezeigt, dass die Nüchternheit diffus sein kann und die Lakonie geschwätzig. Das wusste ich von Beginn an, denn sie gibt es so deutlich zu erkennen, als wollte sie sogar mit ihren Fehlern prahlen. Allerdings merkte ich nicht sofort, dass Duras in ihren starken Momenten wie eine Welle sein kann, die immer wieder die selben Steine hin und her zu wälzen scheint, während in Wirklichkeit einer darunter ist, den sie aus weiter Ferne mitgebracht hat. Wenn wir diesen entdecken, stoßen wir auf etwas außerordentlich Intelligentes.

Marguerite Duras hat in meinen Augen so viele Qualitäten, dass ich beschlossen habe, über den Missbrauch des Verbs *weinen* und des Substantivs *Tränen* in zahlreichen ihrer Romane hinwegzusehen. Übrigens überrascht mich dieser Missbrauch bei einer so spröden Person. Es muss wohl eine von ihrem Gehirn diktierte Sentimentalität sein, mit anderen Worten eine Hysterie, und wohl auch die Projektion einer hartgesottenen Frau, die glaubt, wir würden ihr Rührung nur abnehmen, wenn sie zu klischeegetränkten Wörtern des Kummers greift.

Auch bin ich entschlossen, ihre Besessenheit vom Verb *wissen* einfach als ein besonderes Merkmal ihrer Person zu betrachten, an dem man ebenso wenig herumkritteln kann wie an ihrer Augenfarbe. Erste Seite der *Verzückung der Lol V. Stein:* »Soviel weiß ich.« *Sommer 1980:* »Und dessen bin ich mir sicher, und das weiß ich.« *Schreiben:* »Jeden Tag meines Lebens weiß ich es.« *Die Krankheit Tod* (ein Buch, das man mit »Genre: rätselhaft« untertiteln könnte, ähnlich wie es mit Platons Dialogen geschah, *Alkibiades,* »Genre: mäeutisch«): »Sie sagt, man wisse es, ohne zu wissen, woher man es weiß.« Wissen ist bei Duras keine Kleinigkeit. Oder der Glaube zu wissen. Man fühlt sich an ein zehnjähriges Mädchen erinnert, das ständig sagt: »ich weiß«, weil es eben überhaupt nichts weiß. Gern würde man dem Mädchen zurufen: »Marguerite, in die Ecke mit Dir!«, aber weil man weiß, wie sehr sie diese Phrase schützt, lässt man es bleiben.

In *Schreiben* bemerkt sie: »Die Einsamkeit ist immer von Wahnsinn begleitet. Ich weiß es.« Sie weiß es nur abstrakt, aber aus Angst, es auch in der konkreten Wirklichkeit zu erfahren, versucht sie es zu bannen, indem sie die bösen Götter beeindruckt: Ihr macht mir keine Angst. Ich weiß um das Böse, das ihr anrichten könnt, und habe also mit einer gewissen Courage einem unangenehmen Gedanken getrotzt. Insofern ist es nicht widersprüchlich, wenn sie schreibt: »Ich fliehe Menschen, die, wenn sie schreckliche Dinge dieser Art erfahren oder sehen, auch schon in der Lage sind zu denken, ja sogar wissen, was sie zu denken, was sie zu sagen, welche Schlüsse sie zu ziehen haben«. Was sie allerdings nicht daran gehindert hat, mit großer Bestimmtheit Dinge zu postulieren. Ihr war eine Unsicherheit eigen, die keinen Widerspruch duldete. Es kam vor, dass nach einem ihrer Paukenschläge ein Vibrieren einsetzte, eine Nuance, die ihr möglicherweise gar nicht bewusst war.

Ihre Bemerkung »Jeden Tag meines Lebens weiß ich es« in *Schreiben* bedeutet wohl: »Leider weiß ich es.« Die kompromisslosen Jugendjahre sind vorüber. Man ist sich darüber im Klaren, dass man sterben wird, dass man lebt, so gut man kann, und längst nicht mehr den Anspruch hat, das beste aller Leben zu führen. Man wird milde – leider. Aus den Saint-Justs, die wir einst waren, sind parlamentarische Kommissionspräsidenten geworden, feist und angepasst. Man hätte uns im Alter von dreißig Jahren enthaupten sollen. Jugend und Alter (dazwischen gibt es nichts) sind zwei verschiedene Wissenszustände. Als junger Mensch ist man nicht unwissender, man weiß nur andere Dinge, die genauso richtig sind wie der milde Kompromiss, den wir eingehen, um weiterzuleben, ohne von den Mächten zerrieben zu werden. Man weiß in der Jugend, dies ist der Moment, unnachgiebig zu sein, schneidig, und jetzt oder nie den Dolch in die wimmelnde Masse von Regenwürmern zu stoßen, um sie wie in einem Feenmärchen in einen Strauß von Papageienschnabel-Blüten zu verwandeln. Entscheidend sind im Leben aber nicht Märchen, sondern Mächte. Leben ist Prosa, keine Poesie.

Der Form halber lesen

Wie unglücklich gewählt ist doch der Ausdruck »der Form halber«. Ich frage mich, ob auch die Italiener mit ihrem ausgeprägten ästhetischen Empfinden oder die Japaner mit ihrem Sinn fürs Zeremoniell einen derart ungenierten Begriff für etwas so

Wesentliches haben. »Der Form halber« darf keinesfalls bedeuten »auf die Schnelle, um dem Protokoll Genüge zu tun, ehe man sich den ernsten Dingen zuwendet«. Die Form ist der Ernst der Kunst. Sie ist sogar ihr Gegenstand. Ideen, ja, was glauben Sie denn, Ideen hat jeder. Eine Definition von Literatur könnte indes lauten: »Der Versuch, das Formlose zu formulieren.« Jedes Buch, auch ein Roman, ist ein solcher Versuch, eine Form zu finden. Es schöpft aus der amorphen Masse des Lebens, verwirft und ordnet, und dieses Formgeben stiftet erst Sinn.

Konfrontiert mit der Konturlosigkeit der Dinge, liest der Leser, um die vielfältigen Formen der Welt zu erahnen.

Der Moment, in dem man liest

Wenn mir ein Buch nicht gefallen hat, habe ich es vielleicht im falschen Moment gelesen. Das Bild, das wir von einem Schriftsteller haben, hängt aber nicht nur von diesem Moment ab, sondern auch vom Alter, in dem wir seine Bekanntschaft machen. Von seinem Alter und von unserem. Als ich zum Beispiel einundzwanzig Jahre alt war, stand Marguerite Duras im Zenit ihres Ruhms, nicht aber ihrer Feinfühligkeit. Sie war siebzig, hatte eine Meinung zu allem, schwadronierte, erinnerte an Jean de La Fontaines Frosch, der so groß sein will wie der Ochse. Dabei war sie eigentlich schon Ochse genug, hatte sie doch just den Prix Goncourt erhalten und von ihrem Roman *Der Liebhaber* bereits eine Million Exemplare verkauft. Sie hatte jenes Alter erreicht, in dem man zu Interviews gebeten wird. Diese gab sie der Tageszeitung *Libération*, der Monatszeitschrift *L'Autre Journal*, Interviews gab sie hier und gab sie dort. Während sie in ihren Büchern stilistisch einen vorsichtigen Krebsgang pflegte, ein Schritt zur Seite, ein Abtasten, zwei Schritte zurück, verwendete sie in den Zeitungen hemmungslos den Superlativ. In ästhetischer Hinsicht hatte sie damit möglicherweise recht. In einer Zeitung kommen so viele Menschen zu Wort, dass man die Stimme erheben muss, will man die Kakophonie übertönen. Als Duras in *Libération* über Michel Platini schrieb, wurde dieser zum *Engel*. War es unbewusste Blasiertheit einer Intellektuellen gegenüber den Vorlieben des einfachen Volkes? Die Mutter eines ermordeten Kindes, die Duras für schuldig hielt, war in ihren Augen *erhaben, zwangsläufig erhaben*. Jahre später kam mir in den Sinn, dass Duras Letzteres in einer Art ästhetischem Kurzschluss geschrieben haben musste. Sie wollte an die Schuld dieser Mutter glauben, denn nur in der Schuldigen konnte sie eine Medea sehen. In einem anderen Artikel schilderte sie, wie sie am Abend von François Mitterands Wahl zum Präsidenten der Republik in die Maison d'Amérique latine gegangen war, wo sie auf »ministrable« Gestalten traf (das ist Molière in Reinform) und auf einen jungen Mann, der sich an ihr befriedigte (das ist Duras in Reinform). Sie war des Genies überdrüssig geworden und hatte soeben ein neues Genre kreiert. Institution gewordene Schriftsteller und Schwadroneure vertragen sich nicht mit absolutistischen Einundzwanzigjährigen. Ich glaube, wenn ich vierzig gewesen wäre, hätte ich sie besser ertragen. Sie hätte mich amüsiert, ich hätte ihrer Eitelkeit und ihrem Talent leichter Tribut gezollt. Wie sagte noch der amerikanische Schriftsteller Thoreau: »Nicht jedes Buch ist so beschränkt wie sein Leser.« (*Walden*)

Man kann also gegen sich selbst lesen! Widersprechen, Widerspruch erfahren – das ist großartig! Ohne Kollisionen schlagen auch keine Funken.

Stellen Sie sich selbst in Frage. Stellen Sie das in Frage, was Sie in diesem Moment lesen.

Der Ort, an dem man liest

Auf der ersten, mit Notizen vollgekritzelten Seite meines Exemplars von Thomas Bernhards Roman *Auslöschung. Ein Zerfall* lese ich: »November 1990, Kairo.« Ich rufe mir die Ägyptenreise ins Gedächtnis, das Bild, wie ich im Schwimmbad des Hotels von Gizeh den toten Mann mache und mit verdrehten Augen auf die Pyramiden hinter mir blicke, aber an die Lektüre dieses Bernhard-Romans habe ich keinerlei Erinnerung. Ich erinnere mich an seinen Inhalt (zumindest an den Geist, der darin weht, und an eine bestimmte Art, Sätze zu bilden), aber nicht an die Umstände meiner Lektüre. Von einer anderen Lektüre, die noch wichtiger für mich war, der Lektüre von *Auf der Suche nach der verlorenen Zeit*, weiß ich, dass sie im ersten Jahr meines Jurastudiums in Toulouse stattfand. Ich sehe das Bett noch vor mir, in dem ich in Gesellschaft meiner Pléiade-Bände so viel Zeit verbracht habe. Oder war es das Sofa ...? Oder der Schreibtisch ...? Oder ...? Mit Gewissheit weiß ich nur – weil ich sie später wiedergefunden und herausgenommen habe –, dass ich als Lesezeichen Zeitungspapierschnitzel zwischen die Seiten schob, während ich mir auf inzwischen verloren gegangenen Blättern Notizen machte. Was ich ebenfalls verloren habe, ist die Ehrfurcht vor den auf Bibelpapier gedruckten Pléiade-Bänden, mit denen ich heute genauso liebevoll umgehe wie mit anderen Büchern und munter darin herumkritzele (freilich mit Bleistift). Als ich kürzlich noch einmal ein Exemplar aufschlug, fand ich zwischen zwei Seiten einige Notizblätter, Zeugnisse meiner Leidenschaft für diesen Roman. Aber so eifrig ich daraufhin auch versuchte, dem auf die Spur zu kommen, was mich einst berührt hatte, die Seiten blieben stumm. Es bestätigte sich die alte Regel der Lektüre, die besagt, dass sich ein Buch nicht öffnet, wenn man es nur überfliegt. Man muss sich ihm restlos hingeben, sich mit Körper und Seele, Kopf und Geist in die Seiten versenken.

Jeder Leser ist einsam, wenn er liest, aber immer in der Gewissheit, dass es andere gibt, zu denen er taktvoll Abstand hält, in sich gekehrt und respektvoll gegenüber der inneren Einkehr der anderen (wenn auch de facto in einem Akt verbissener Gleichgültigkeit: dass man ihn bloß nicht ablenkt!). Es ist ein Miteinander wie unter Mönchen, die zusammenleben, ohne sich je gegenseitig zu stören, eine ideale Gemeinschaft inmitten der Gesellschaft, die es selbst zu eilig hat, um daran Anstoß zu nehmen, sie also lieber toleriert – und wie viel Verachtung gerade der Toleranz innewohnen kann, dürfte hinreichend bekannt sein. Vielleser sind Monster. Grundsätzlich harmlos, aber nur so lange, bis sie Anerkennung fordern und aufhören, bescheiden zu tun. Leser sollten jedoch nie vergessen, dass sie in der Minderheit sind. Ein Buch, das in Frankreich Erfolg hat, entspricht, sagen wir, 100.000 verkauften Exemplaren. Bleiben immer noch 63.900.000 Franzosen, die nicht lesen.

Es hat die Steinzeit gegeben, die Eisenzeit und die Zeit der Literatur. Nur in dieser menschheitsgeschichtlich betrachtet noch sehr kurzen und nur auf einige Teile der Erde beschränkten Epoche konnte die oben erwähnte Bruderschaft Fuß fassen, ohne allzu große Verfolgung zu erfahren. Im »Container« der ersten Reality-TV-Show der Welt konnte man bei allem zusehen, vom Essen bis zum Sex, nur eine Tätigkeit war tabu: Lesen. Produzenten, die ihr Publikum haargenau kannten, wollten es nicht mit Bildern einer derart empörenden Tätigkeit schockieren.

Die Lektüre enthebt uns der Umwelt. Ich denke, es würde ihrem Wesen widersprechen, wenn sie zuließe, dass wir uns präzise an die Situation oder den Ort, an dem wir gelesen haben, erinnerten. Lesen ist dieser Moment der Ewigkeit, den ein paar Einzelgänger miteinander teilen in einem immateriellen und etwas bizarren Raum, nämlich im Geiste.

Lesen für die Finsternis

Alles ging wie von selbst. Ich las. Ich las, und mir war so, als sähe ich das Licht. Es dauerte nur einen kurzen Moment. Es waren wohl eher *Lichter*, die mir aufgegangen waren, die Lichter der Aufklärung im Sinne des 18. Jahrhunderts. Wozu lesen? Um weniger beschränkt zu sein, um Vorurteile abzulegen, um zu verstehen. Wozu lesen? Um die zu verstehen, die beschränkt sind, die Vorurteile haben und es gut finden, nichts zu verstehen. Es ist nützlich, auch die Finsternis zu kennen. Die Finsternis ist Teil der Literatur, gewollt oder ungewollt. Man kann sagen, es ist eine ihrer Besonderheiten und eine ihrer Qualitäten. Schriftsteller sind wohl die einzigen schreibenden Menschen, die weder Reinheit, noch Perfektion oder Richtigkeit für sich in Anspruch nehmen, ja diese Form der Anspruchslosigkeit sogar zu einer für sie wichtigen Eigenschaft erklären, ohne sich darauf – mit Ausnahme von Rousseau – etwas einzubilden. Wir lesen, um bei anderen die Schwächen zu finden, die wir an uns selbst nicht sehen wollen.

Lesen, um zu lernen

Man kann lesen, um zu lernen. Ein anfechtbares Motiv, zumindest, wenn es sich um einen Roman handelt. Erwarten wir etwa von einem Stillleben von Pieter Claesz, dass es uns die Tulpenzucht im Holland des 17. Jahrhunderts erklärt? Nirgendwo, heißt es, erfährt man so viel über Geschichte wie in den Romanen von Alexandre Dumas. Meinetwegen. Das sagt man so. Aber es ist falsch. Wenn man in den Romanen von Alexandre Dumas überhaupt etwas erfährt, dann etwas über Alexandre Dumas. Sein Bild von Ludwig XIII. und Richelieu ist bestimmt nicht falsch, aber es ist und bleibt ein Bild. Geprägt durch Dumas' Charakter. Dumas ist großzügig. Durchtriebenheit entspricht ihm nicht. Ludwig XIII., diesen ziemlich durchtriebenen König, mag er nicht, und er hat ihn deshalb sicherlich besonders durchtrieben dargestellt. Genauso wie Giono in *Le Désastre de Pavie* die Schäbigkeit von Karl V. unterstrich. Oder Chesterton in seinem *Dickens* dessen Jovialität. Und das ist auch gut so. Parteiische Bücher vermitteln uns ein besseres Gespür für die Figuren als neutrale, die ihre Protagonisten für immer verschleiern. Bei parteiischen Büchern weiß man, dass der Verfolger, wie man bestimmte Bühnenscheinwerfer kurioserweise nennt, zu grell ist und nur einen Teil der Figur beleuchtet; aber diesen zeigt er uns wenigstens, und er zeigt uns durch die Übertreibung auch sein eigenes Gesicht, sodass wir wissen, aha, hier liegt eine Übertreibung vor, da müssen wir Abstriche machen. In parteiischen Büchern sind die Beleuchtungstechniker namens Autoren sichtbar; man erkennt sie an der Art, wie sie Dinge in Szene setzen, aber man erkennt durchaus auch *einen* Dickens, *einen* Karl V., *einen* Ludwig XIII. Sieht man denn einen Menschen jemals so, wie er wirklich ist? Gibt es das überhaupt, einen Menschen, so wie er ist? Wie denn? Allein?

Einen Mensch allein, gibt es das? Ist der Mensch nicht immer in Gesellschaft, und wird er in seinem Handeln nicht immer durch andere bestimmt? Aus einem Buch, das gar nichts lehrt, etwas lernen zu wollen, bedeutet letztlich – wie Kant bei anderer Gelegenheit einmal geäußert hat -, jemanden dafür zu bezahlen, dass er uns das Denken abnimmt.

Weil ich als Jugendlicher viele Schriftsteller der Vergangenheit las, hatte ich eine vergleichsweise überholte Vorstellung von den Gefahren des Lebens. Lange Zeit hegte ich – getreu der Zwangsvorstellung eines von mir gelesenen Autors des 19. Jahrhunderts – großen Argwohn gegen Schmarotzer, und in den Figuren von Oscar Wilde fand ich meine Idole, weil sie ihren Schneider nicht bezahlten. Später habe ich in einem zeitgenössischen Roman erfahren, dass es nicht gut sei, sich von unten nach

oben zu rasieren, denn es kräftigt die nachwachsenden Haare.
Ah, ich werde nie mehr sagen, Lesen bereite nicht aufs Leben vor!

Ich gehe so parteiisch an die Literatur heran, dass ich eine spontane Abneigung gegen Bücher empfinde, die mir etwas beibringen wollen. In meinen Augen beschmutzen sie die Literatur, so wie Gemäldeausstellungen von Pensionären der französischen Bahngesellschaft die Malerei beschmutzen. Ich lerne lieber von Menschen als aus Büchern.

Das Lernen ist wohl einer der Gründe, warum Flaubert so bewundert wird. Sein eigenes Lernen. Fünf Jahre, um *Madame Bovary* zu schreiben! Das Gebrüll im berühmten *gueuloir!* Die durchgestrichenen Stellen! Das endlose, akribische Feilen! Ja, und? Ist denn *Die Kartause von Parma* weniger gut, bloß weil sie in zweiundvierzig Tagen diktiert wurde und Stendhal sich damit auch noch brüstete?

Ich sehe darin eine oberlehrerhafte Angst (»Sehr unruhiger Schüler. Sollte sich mehr anstrengen«), wenn nicht gar eine Geringschätzung der Kunst, eine Verachtung, die durchaus an die vulgären Plattitüden heranreicht, die sich Schriftsteller ein Leben lang anhören müssen: »Ah, was ich für einen Roman schreiben würde, wenn ich bloß die Zeit dazu hätte!«

Dank der Briefe, in denen Flaubert seine Mühsal verewigt hat, hat dieser Antidemokrat ungewollt zur Demokratisierung der Kunst beigetragen. Auf die eine oder andere Weise müssen wir eben immer für unsere Erfolge zahlen. Flaubert schert sich einen Teufel darum. An einem Meisterwerk prallen alle Kommentare ab (wie auch dieser). Tief in seinem Grab wird Gustave Flaubert von den Geschöpfen seiner Phantasie beschützt; Emma Bovary und Frédéric Moreau sind die Geschwister von Hamlet, von Iwan Iljitsch und all den Figuren – so schwach, so dumm oder hassenswert sie auch sein mögen –, die von ihren Erfindern mit einem Leuchten ausgestattet worden sind, das allen Menschen gemein ist, ein inneres Leuchten, das Millionen Leser verbindet, ob Frauen oder Männer, ob in Frankreich oder anderswo, ob im 19. Jahrhundert oder in unserer Zeit, und ihnen das Gefühl gibt: »Madame Bovary, das bin ich.«

Lesen, um sich zu trösten

Man kann lesen, um sich zu trösten. Dies scheint mir ein noch schlechterer Grund zu sein. Es wird auch nicht gelingen. Und zwar deshalb nicht, weil die Literatur dafür nicht da ist. Literatur spendet keinen Trost. Es würde ja nichts anderes bedeuten, als dass sie unterhaltsam ist. Zudem wäre es geradezu beleidigend für unseren Schmerz, wenn er sich durch einen Moment der Lektüre einfach so beseitigen ließe. Montesquieu ist ein sehr großer Schriftsteller, aber er hat einen der empörendsten Sätze geschrieben, die es überhaupt gibt, der da wäre: »Ich habe noch keinen Kummer gehabt, den eine Stunde der Lektüre nicht vertrieben hätte.« – Was soll man dazu sagen, er war eben ein großer, gefühlskalter Geist. Es gibt ein Pendant zu diesem Satz in *Der Verfall der Lüge* von Oscar Wilde: »Eine der größten Tragödien meines Lebens ist der Tod des Lucien de Rubempré«. Es war wohl eine Phrase, die der Wortjongleur Wilde selbst schon einmal zum Besten gegeben hatte und von der er, ohne zu lügen, selbstverständlich behauptet hätte, dass sie ihm außerordentlich wichtig sei. Wilde war ein Phrasendrescher, der an die Phrasen, die er drosch, ohne jede Verbissenheit glaubte. Die zitierte ist natürlich reiner Ästhetizismus. Der Ästhetizismus ist nur eine andere Form von Gefühlskälte. Eine hysterische Gefühlskälte. Einige Jahre später widerfuhr Wilde eine Tragödie, die weitaus schmerzhafter war als der Tod einer Romanfigur.

Lesen tröstet nicht. In gewisser Weise bringt es uns zur Verzweiflung. Verzweiflung ist freilich nichts Trauriges. Das zeigt uns Blaise Pascal mit seinen *Gedanken*, der große Pascal, der schreibt wie ein in den Himmel aufsteigender Adler, dessen Flügel messergleich die Luft durchschneiden, Pascal, der sich zwang, an die Hoffnung der Christen zu glauben, die Hoffnung auf das Himmlische Reich:

»So leben wir fast nie, hoffen aber immer zu leben; und bei den ewigen Zubereitungen aufs Glücklichsein ist's fast ohne Zweifel, dass wir's nie sein werden.« Es ist ganz einfach, lautet seine Schlussfolgerung: Man stirbt allein. Und das ist nicht traurig, keineswegs. Verzweiflung ist ein ebenso simpler Tatbestand wie Regen oder Sonne. Traurig ist eher die Hoffnung, die uns Illusionen um den Hals legt wie ein Seidentuch, nur um uns am Ende damit zu erwürgen. In Gesellschaft von Pascal und einigen anderen Schriftstellern werden Leser zu Erwachsenen, die den Dingen ins Auge blicken, ohne darunter zu leiden.

Ah, lesen für die Gesundheit

»Eine unterhaltsame Lektüre ist der Gesundheit nicht minder zuträglich als die Leibesertüchtigung.« So lautet in etwa ein Ausspruch von Kant, den ich in meinem ganzen Leben noch nicht so viel zitiert habe. Und das versetzt den großen Philosophen in solche Erregung, dass wir erleben dürfen, wie er auf seinem täglichen Spaziergang durch seinen Garten in Königsberg doch tatsächlich einen Meter von der üblichen Route abweicht. »Ah, ah! Dantzig zitiert mich. Hofft er auf eine Übersetzung in Deutschland? Einen per Akklamation vergebenen Lehrstuhl am Collège de France? Ah! Die Eitelkeit der Franzosen reicht an ihre Naivität nicht heran!« Selbst wenn Lesen tatsächlich der Gesundheit zuträglich wäre, spräche das noch nicht dafür. Es gibt schon genug gesundheitsförderliche Dinge. Die Gesundheit rechtfertigt den Akt des Lesens genauso wenig wie die Therapie das Schreiben. Werke, in denen der Autor seine Sorgen auswringt, werden aus reiner Freundlichkeit gelesen. Egozentrisches Geschmiere dieser Art sollte aus allen Bibliotheken verbannt werden.

Oh, lesen für die Tugend

Lesen an sich ist nicht *gut*. Es ist ein großer Fehler, Kindern, ja selbst Erwachsenen so etwas zu sagen. Es wird sie sofort davon abhalten. Der Gedanke, etwas zu tun, was ein Akt demonstrativer Tugend wäre, widerstrebt jedem Menschen mit Niveau.

Lesen aus Lust

Eine gelungene Lektüre ist genauso schön, genauso rar und ein genauso zauberhaftes Stück Erinnerung wie ein vollendeter Liebesakt. Der Leser schläft mit seiner Lektüre.

Darin ist das Lesen wie das Schreiben, das wiederum mit der Sexualität verwandt ist, zumindest was das Schamgefühl betrifft. In meinen schriftstellerischen Anfängen – sofern man diese jemals hinter sich lässt –, war es mir, wenn ich gerade ein Buch veröffentlicht hatte, über die Maßen peinlich, das Haus zu verlassen. Wie bitte?, ich entblöße meine Nöte und meine Freuden wie Genitalien, und kein Mensch sagt etwas dazu? Die Leute sind so unaufmerksam, so gehetzt oder zurückgezogen in ihre Schneckenhäuser, dass man sich in aller Öffentlichkeit nackt ausziehen kann, ohne dass sie es merken. Oder sie sind höflich und tun nur so, als sähen sie es nicht. Oder man liest unsere Bücher gar nicht erst. Jedenfalls rennen auf dem Boulevard Saint-Germain Tag für Tag Schriftsteller wie Exhibitionisten umher, und die Leser sind ihre Komplizen. Andersen steht nackt vor dem König.

Lesen, um sich abzusondern

Lesen ist ein schwerer Fall von Selbstabsonderung. Ich behaupte, man liest gerade, um sich abzusondern. Skandalös! Es hat mich immer schon erstaunt, welcher Abscheu lesenden Menschen, ich meine echten Büchernarren, entgegenschlägt. Ich selbst wurde von frühester Jugend an dafür gehasst, wie ich war, weil ich diesen eigenartigen Lesehunger verspürte, der nichts anderes war als der leidenschaftliche Wunsch, Dinge zu verstehen und mich zu begeistern. Es gehörte Mut dazu, mein Freund zu sein. Man galt dann selbst als wunderlich. Und das hat nie aufgehört. Beim Militär, einer heimlichen Allianz zwischen Gesellschaft und Rohlingen, zwischen vermeintlicher Zivilisation und verehrten Barbaren, nur dazu da, jeden Anflug von unabhängigem Denken im Keim zu ersticken, erntete ich nur Hohngelächter für die Bücher, die ich las. In Paris spaziere ich häufig lesend die Rue de Rennes entlang. Seit einigen Jahren sind dort immer an derselben Stelle Menschen postiert, die Umfragen machen. Ich kann mich fest darauf verlassen, dass mich einer von ihnen darum bitten wird, ein paar Fragen zu beantworten, dabei deutet meine ganze Haltung auf innere Einkehr hin. Ich sehe darin einen feindseligen und gehässigen Akt gegen meine Person. Diese Leute vertreten das uniforme Denken, Gott weiß, dass Umfragen eine Form von uniformem Denken sind. Kein Wunder, dass sie den Anblick von Menschen, die ihre Einsamkeit offenkundig genießen, nicht ertragen können. Die Lektüre ist ein Skandal für praktische Gemüter. Sorgen wir dafür, dass er fortbesteht. Mögen alle Leser dasselbe tun wie ich! Lasst uns in Bücher vertieft durch die Straßen laufen! Führungskräfte auf dem Weg in ihre Finanzinstitute werden ihre schönen Karossen zum Stehen bringen. Bezaubert werden sie aussteigen, werden ihre Aktentaschen aus genarbtem Kalbsleder in die Luft schleudern, dass die Börsenkurse und Businesspläne nur so flattern! Werden sich die Krawatten vom Hals reißen, die

Jacketts ausziehen! Dann werden die Städte von wirklich seriösen Menschen bevölkert sein, von Menschen, die in Lendenschürzen zu Flötenklängen Homer rezitieren!

Ins Buch vertieft, beugt sich das Gesicht über die Seiten. Der Stolz eines jeden neigt vor dem Denken sein Haupt; die Einsamkeit sucht eine Schwester. Daher rührt die andächtige Schönheit der Gemälde, auf denen lesende Menschen zu sehen sind.

Die Aufmerksamkeit der lesenden Frau von Picasso (1920) ist auf etwas anderes gerichtet als auf ihr eigenes Wohlempfinden, und vielleicht wirkt sie gerade deshalb glücklich.

In gewisser Weise ist sie das exakte Gegenstück zu einem berühmten Bild aus dem Jahr 1992: Ich danke dem Studio Canal dafür, mir den Abdruck dieses Fotos verboten zu haben mit der Begründung, es zeige »Dinge etwas gewagten Inhalts«. Was na-

Sharon Stone
mit gespreizten Beinen
ohne Slip
in *Basic Instinct*.

türlich der Wahrheit entspricht. Stattdessen kursiert es im Internet, wo es das voyeuristische Verlangen einer keuchenden Menschheit abbildet; uff, Bücher stören also doch noch. Außerdem erlaubt mir dieses Verbot, etwas zu wagen, was man das »gelesene Bild« nennen könnte: Ist dies nicht ein Wörter-Foto, dessen Zeichen, die immer Abstand zum Bezeichneten wahren, die Selbstkritik schon beinhalten? Ich habe das dumpfe Gefühl, dass ich noch zum Konzeptkünstler werde: Drei weiße Räume. An der hinteren Wand ein Pochoir in Kleinbuchstaben: Mein Name, *Gelesene Bilder* und das Datum der Hängung. In den Rahmen – deren unterschiedliche Größen das Geheimnisvolle unterstreichen – stehen Titel und Preise: »SHARON STONE mit gespreizten Beinen OHNE SLIP in

Basic Instinct.« »Nicolas SARKOZY auf seiner ersten AUSLANDS-REISE als Präsident der französischen Republik beim Joggen in den Straßen von New York in einem T-SHIRT DER NEW YORKER POLIZEI.« »Flavio BRIATORE und BLONDINE auf einer JACHT.« »Der FUSSBALLSPIELER Nicolas Anelka stößt BELEIDIGUNGEN hervor.« Wohlan, Galeristen. Ich überlasse Ihnen die Entscheidung, ob es sich lohnt, in einem Buch bis Seite 80 zu lesen.

Ein lesender Mann, von Roger de La Fresnaye (um 1910) – Ich stelle mir vor, dass er, in seine Lektüre vertieft, das glatte Papier unter seiner Hand nicht mehr spürt.

Er ist das genaue Gegenteil von Jordaens Vielfraß (um 1635).

Ein lesendes Kind, von Vincenzo Foppa (um 1464) – Dieses vom Lesen und der Idee des Lesens begeisterte Kind wurde bestimmt in Pose gesetzt. In seinem Alter habe ich mich selbst derart in Szene gesetzt, um die Erwachsenen zu beeindrucken. Sie waren es auch oder taten zumindest so, und ich schäme mich heute noch dafür. Allerdings ist diese Form des Posierens harmlos, es ist keine Prostitution.

Das lesende Kind von Foppa hat nichts gemeinsam mit diesem Strichjungen:

Wir brauchen keine Heiligen, wir brauchen ihre arrogante, in Gold gerahmte Demut nicht, wir brauchen keine Soldaten, die auf öffentlichen Plätzen ihre Marmorbrust wölben, wir brauchen keine Kämpfer für die Humanität, die mit ihrer kurzlebigen Hilfsbereitschaft vor den Kameras hausieren gehen, wir brauchen all diese aufgescheuchten Leute nicht, die uns mit ihrer Moral verhöhnen. Das Widerständige des Lesers, sieht anders aus: Es ist ein andächtiges Innehalten inmitten von Aktionismus, ein Befreien des Geistes von allem Praktischen, es drückt sich aus in diesem Beugen des Hauptes über Zeilen, in denen Dinge zu lesen sind, die gegen die Mächte stählen. Ja, auch das ist ein Grund für das Lesen. Es gibt dem armen Menschlein Halt inmitten agierender Kräfte. Dem Lesenden gereicht die eigene Schwäche zum Vorteil.

Erfahren, dass Lesen niemanden bessert

Das ruhige, konzentrierte, *abwesende* Gesicht eines Lesenden erweckt den Eindruck, als wäre dieser Mensch an einem gänzlich anderen Ort. Das ist er auch. Im Vergleich zur Epilepsie der Videospiele, über die man ebenfalls das Haupt beugt, möchte man diese Form von Versunkenheit als weniger sprunghaft bezeichnen. Doch Gewalt kann auch das Ergebnis stiller Konzentration sein. Große Verbrechen wurden in aller Ruhe geplant. Erinnerungen an

Monopoly. Nach einer außergewöhnlich brutalen, in tödlicher Stille verlaufenen Partie habe ich mit vierzehn oder fünfzehn beschlossen, dieses Spiel nie wieder zu spielen. Ich halte die Vorstellung für naiv, dass Kriegsspiele mehr Gewalt erzeugen als Rosenpflücken. Jedem Spiel wohnt Gewalt inne. Das Wort *Spiel* verschleiert durch den damit assoziierten Begriff der Kindheit und die Verklärung derselben (sehnt man sich doch in die einzige Zeit seines Lebens zurück, in der man per Gesetz das Recht genoss, verantwortungslos zu sein), dass die Gewalt *im Menschen* wohnt und nicht im Spiel oder in der Lektüre. Diesen Gedanken habe ich einmal öffentlich geäußert, unter anderem vor dem Staatsanwalt des Pariser Berufungsgerichts, einem eher konservativen Mann, der über meine Äußerung wirklich empört war. In aller Öffentlichkeit und einigermaßen aufrichtig echauffierte er sich, ohne dabei zu sehr in die heuchlerische Theatralik zu verfallen, derer sich Anwälte vor einem Publikum so gern bedienen. »Ich muss doch sehr bitten, Monsieur! ... Wie können Sie es wagen, den zivilisatorischen Nutzen der Lektüre zu bestreiten! ...« Anschließend prahlte der Staatsanwalt in aller Bescheidenheit damit, dass er selbst erst durchs Lesen ein »zivilisierter Mensch« geworden sei. Was ihm sodann Gelegenheit gab, sich den Meinungen eines extremistischen Fernsehjournalisten anzuschließen, die dieser *in einem Buch* geäußert hatte.

Bestimmt hat die zivilisatorische Wirkung des Lesens im Februar 1857 auch seinen Kollegen, den kaiserlichen Staatsanwalt Pinard, in die Lage versetzt, gegen Gustave Flaubert Anklage zu erheben, sechs Monate später dann auch noch gegen Charles Baudelaire, und beider Verurteilung durch das Strafgericht von Paris zu erwirken. So hat also ein durch das Lesen von Büchern »zivilisierter« Mensch zwei der bedeutendsten Werke des 20. Jahrhunderts, *Die Blumen des Bösen* und *Madame Bovary*, in Verruf gebracht. Das vorn dargestellte Kind in lesender Pose, die eine Hand auf den Oberschenkel gestützt, ist (vermutlich) Cicero, was doch wohl zeigt, dass Lesen einen vermessenen Menschen nicht davon abhält, der Herrschaft zu dienen — was sage ich da?, Herrscher zu werden, schließlich hat Cicero das Amt des Konsuls bekleidet. Die Lektüre wirkt in einem solchen Maße zivilisatorisch, dass Gavrilo Princip, der Bosnier, der 1914 Erzherzog Franz Ferdinand ermordet hat, die demokratischen Grundsätze von Walt Whitman zu befolgen glaubte, dessen leidenschaftlicher Leser er war. Die Lektüre wirkt in einem solche Maße zivilisatorisch, dass Mark David Chapman, der Mann, der 1980 in New York John Lennon beim Verlassen des Dakota Building ermordet hat (durch einen Schuss in den Rücken), das harmloseste Buch der Welt bei sich trug, *Der Fänger im Roggen* von J.D. Salinger, in das er geschrieben hatte »*This is my statement*«, gezeichnet »Holden Caulfield«.

Je mehr ich lese, desto weniger habe ich das Gefühl, ein zivilisierter Mensch zu sein. Die Lektüre großer Autoren beweist mir, dass ich nie aufgehört habe, ein Barbar zu sein, ein Ignorant, der Inbegriff von Unzulänglichkeit, und niemand soll denken, dass ich hier kokettiere. Mir fehlt der innere Frieden, das Lesen jedenfalls hat ihn mir nicht gebracht. Aber dafür gebe ich keinem Buch die Schuld.

Nach dem Akt

Und sehet unseren Stolz nach vollbrachter Lektüre.

Lesen, um gelesen zu haben

Wir sind stolz, wir haben gelesen. Ich kenne jemanden, dessen gröbste Beleidigung lautet: »Der hat in seinem ganzen Leben noch kein Buch aufgeschlagen.« Oh ja.

Die Gefahren des Lesens

Ich lese das sogenannte *SCUM-Manifest*, eine Idee, die mir kam, als ich in einem Buch über den Namen Valerie Solanas gestolpert bin. Häppchenweise, sagte ich mir, das werde ich häppchenweise lesen. Pamphlete sind schwerverdaulich und übersättigen den Leser rasch. Während ich also die übertriebene Verallgemeinerung (»die Männer«) durchaus als solche erkenne, sehe ich auch, dass diese Übertreibung in ihrer Ungerechtigkeit wohl das einzige Mittel ist, gewisse Ideen aufzuspießen, die einer nuancierteren Betrachtung unweigerlich durchs Netz gehen würden. Und so lege ich diese flammende Protestschrift nicht mehr aus der Hand. Lektüre: Eine Glühlampe geht an, und darum herum fällt alles ins Dunkel.

Lesen, um nicht auszuweichen

Als ich am 16. Februar 2008 die Rue de Rivoli hinaufgehe, den trägen Touristenhorden ausweichend, begegnet mir ein kleiner, lesender Junge von sechs oder sieben Jahren. Weil der Bürgersteig schmal ist, weicht er immer wieder Leuten aus mit ärgerlich gerunzelter Stirn und ohne von seinem Buch aufzublicken. Wir sollten auf die Knie fallen vor solch kleinen Bodhisattvas der Lektüre. In unserer Welt sind sie die einzigen Bewahrer der Zweckfreiheit. Als Kind glich ich diesem Jungen und tue es noch heute. Gerade bin ich im Victoria & Albert Museum in London angekommen, wo sich herausstellt, dass es außerordentlich schwierig ist, Zugang zu den britischen Sälen der Zeit zwischen 1500 und 1760 zu bekommen. Ich verlasse das Museum unverrichteter Dinge. Mein Kopf ist zu voll von Shakespeares *Richard III.*, woraus ich unmittelbar vor dem Museumsbesuch drei Szenen gelesen habe, als dass ich mich mit solchen Widrigkeiten auseinandersetzen könnte.

Mitunter stecke ich so tief in meiner Lektüre und den daraus entspringenden Phantasien, dass mich, wenn ich wieder auftauche, die Existenz der Welt um mich herum überrascht. Diese Unempfindlichkeit gegenüber den Dingen des Lebens, die sich aus der puren Konzentration auf die Dinge der Schrift ergibt, ist mir so selbstverständlich geworden, dass ich kaum überrascht wäre, wenn ich in der Pariser Metro von einem Buch aufblicken und feststellen würde, dass ich mich am Ufer des Baikalsees befinde. Ich würde sofort wieder in mein Buch *eintauchen*.

Diese Phasen, in denen man wie besessen liest – was geschieht da eigentlich? Wenn man wochenlang ohne wirklichen Ernst geschmökert hat – ein bisschen hiervon, ein bisschen davon, mal von diesem, mal von jenem Autor –, braucht man wieder Substanz.

Blut, Blut, Blut! Als Kind gab mir meine Mutter oft Fleischsauce zu trinken, darauf war ich ganz versessen. Ein Teil des Genusses bestand schon darin, zuzusehen, wie die gekochten Fleischstücke in der Presse zerdrückt wurden und ihren Saft absonderten. Genauso befriedigend ist die Lektüre.

Mir missfallen Roman-Dialoge aus demselben Grund, weshalb schlechte Leser von ihnen so begeistert sind. Dialoge lenken uns vom Gegenstand (der Literatur) ab. Dialoge helfen beim Ausweichen.

Der naive Glaube des Lesers an die Lektüre

Ich lasse mich gern von nicht-literarischen Kunstwerken, die Bücher zeigen, und von Diskussionen über das Lesen blenden. Eigentlich sollte ich es besser wissen! Bloß weil ein Film lauter lesende Menschen zeigt, ist der Regisseur noch nicht intelligent. Bloß weil irgendein Kandidat im Wahlkampf aus seiner Kindheit plaudert, in der man arm gewesen sei, aber Bücher dennoch wertgeschätzt habe, ist er noch lange nicht ehrlich und kompetent. Und nicht einmal von dem kleinen Jungen in der Rue de Rivoli weiß ich, was er gelesen hat und ob er ein interessanter Mensch ist. Lesen ist letztlich nicht mehr als ein gutes Zeichen.

Lesen, um Freunde zu finden

Wenn man zu schüchtern ist, um Leute anzusprechen – ich kenne da jemanden –, sind Romane die idealen Begleiter. Denn für Vielleser werden Romanfiguren mitunter realer als Menschen im wahren Leben. In Gedanken sind sie häufig bei ihnen oder sie schauen in Büchern bei ihnen vorbei, sie mögen sie sehr, oft fehlen sie ihnen, manchmal gehen sie ihnen auf die Nerven, wie richtige Freunde eben. Mit dem kleinen Unterschied, dass diese imaginären Freunde völlig aufrichtig sind dem Leser gegenüber. Romanfiguren sind die einzigen, die weder verraten noch betrügen, denken die Vielleser und vergessen darüber mitunter, sich dem wahren Leben zu stellen.

Dramen lesen

Ja, man liest aus Protest gegen das Leben. Das Leben ist außerordentlich schlecht eingerichtet. Permanent begegnen einem darin überflüssige Menschen. Es ist gespickt mit unnötigen Wiederholungen. Seine Szenerie ist uferlos. Wäre das Leben ein Manuskript, würde es jeder Verlag ablehnen. Wenn ich nur an die Dialoge denke, die man darin zu hören bekommt. Wie lahm, wie zögerlich und unoriginell sie doch sind! Ich glaube, dass hierin einer der Gründe für die Existenz des Theaters liegt. Der Mensch hat das Theater erfunden, weil er das Allerweltsgeplauder satt hatte. Einer der größten Genüsse im Leben liegt deshalb in der Lektüre von Dramen.

Sie sind so angenehm zu lesen – besonders wenn sie keine Szenenanweisungen enthalten. In denen offenbart sich womöglich ein Minderwertigkeitskomplex gegenüber dem Roman. Was aber den Roman bereichert, ist im Theater ein Ballast an Vorsicht, Angst und Diktatur. Ein Hoch auf alle anmerkungsfreien Stücke, die der Phantasie freien Lauf lassen! Gerade dies ist ja einer der Gründe, Dramen zu lesen: die Befreiung der Phantasie. Andererseits wirken sie dieser Befreiung auch entgegen, weil man Dramen rasch gelesen hat und Schnelligkeit die Phantasie daran hindert, sich zu entfalten. Kaum hat man angefangen, »MAAME QUEUELEU – Aziz, beeil dich«, da heißt es auch schon »MATHILDE – Das nennst du anfangen, mein Adrien?«, und das Stück ist vorbei.

In einem Taxi am Theater gerade noch pünktlich vorzufahren, ist eine der größten Freuden, die uns das Leben bereithält! Der Wagen kommt zum Stehen. Die Person, mit der sie verabredet sind, hat Sie bereits entdeckt. Sie öffnen die Tür halb, strecken ein Bein heraus, reichen dabei dem Fahrer einen Schein und warten auf das Wechselgeld. Sie sind gut gekleidet. Eine im doppelten Sinne wunderbare Vorstellung kündigt sich an!

Beim Lesen kann man langweilige Passagen überspringen. Das könnte jedoch ein Fehler sein. Sinnvoll eingesetzt, kann die Langeweile ein Mittel sein, uns zu etwas anderem hinzuführen. (Zumal die Langeweile eine sehr subjektive Erfahrung ist.) Seiten zu überspringen, dauert zudem länger, als sie zu lesen. Die Sorge, etwas verpasst zu haben, lässt uns doch immer wieder unruhig zurückblättern …

Im Park von Versailles finde ich mich am Französischen Pavillon ein, den Ange-Jacques Gabriel in Form eines Andreaskreuzes konzipiert hat. In ihm wurden die kleineren Mahlzeiten eingenommen. Dreißig Meter weiter in Richtung Trianon biegt man links ab. Zwischen zwei Steinsäulen ein Gitter. Der oberste Aufseher der Trianonschlösser macht mir auf, er hat vierundzwanzig Wächter unter sich, das sind wenige, wundere ich mich, aber es gibt eigentlich nie Probleme, erklärt er mir. Ein paar Stufen, ein blaues Vorzimmer, dann auf der rechten Seite eine kleine Tür: das Theater von Marie-Antoinette. Ein bezaubernder Raum ganz in Blau und Gold, mit einer Akustik, die der menschlichen Stimme die Schärfe nimmt, mit zwanzig Sitzbänken im Parkett und einem Balkon für den König. Die Königin spielte Theater, das hat sie am Ende den Kopf gekostet. Ist sie nicht in diesem Raum in der Rolle von Rosine im *Barbier von Sevilla* von Beaumarchais aufgetreten, jenem Beaumarchais, den ihr Gatte gerade ins Gefängnis gesteckt und dann – weil er auch in seinen Fehlern nicht konsequent war – wieder freigelassen hatte? Aber für den Balkon mussten es natürlich Löwenfelle sein! Die Diener, welche dem Königspaar im Theater Sorbets servierten, werden die Königin als Verrückte und den König als einen Schwächling verachtet haben. Dennoch ist dieser Raum während der Revolution intakt geblieben, denn nichts darin hatte einen Wert: Das Dekor ist aus gehärteter Pappe. Ich steige auf die Bühne. Von dort wirkt der Abstand zum kleinen Zuschauerraum enorm. Das ist das Mysterium des Theaters, das man im Mittelalter nicht zu Unrecht

Mysterienspiel nannte: Vom Parkett aus gesehen wird man auf der Bühne zur mythischen Gestalt.

Das Theater ist vielleicht die begeisterndste Form des Schauspiels, aber es ist und bleibt ein Schauspiel. Ich persönlich finde es dermaßen beklemmend, Abstand zu einem Werk zu halten, einfach nur Zuschauer, wenn nicht gar Konsument zu sein, dass ich grundsätzlich in keine Vorstellung gehe, sei es Oper, Konzert, Ballett oder Theater, ohne mein Notizbuch dabeizuhaben, in dem ich Dinge festhalte. Auf diese Weise schaffe ich mir meinen eigenen Seitenrand. Denn erst dieser Rand befreit uns von der Rolle der Randfigur. Außerdem verwandle ich so das Theaterstück, aus dem der Regisseur und die Schauspieler eine Lesung in Aktion gemacht haben, wieder in ein Buch. Ich lese die Aufführungen, indem ich mich zu ihrem Kommentator mache. Schreibend Lesen, das ist die aufmerksamste Art zu leben.

Argumente haben nicht ewig Bestand. Den Tragödien-Chören, schreibt François Fénelon im Jahr 1714 in seinem *Brief an die Akademie*, könne er nichts abgewinnen, weil sie doch nur die eigentliche Handlung unterbrächen. Auch seien sie der Wahrscheinlichkeit gewisser Szenen, die keiner Zuschauertruppe bedürften, keineswegs zuträglich. Sicher, aber Fénelon schreibt in Zeiten, in denen das Heilige, Priesterliche noch pompöser war als seinerzeit die griechischen Tragödien, und auch die Verärgerung darüber fließt in seine Gedanken ein. Wir, die wir in Zeiten leben, die auf jedes staatliche Ritual verzichten (denn unsere Rituale beschränken sich auf die vom Fernsehen übertragene Wohltätigkeit), empfinden das Archaische dieser Chöre als reizvoll und neu. Und auch meine Gründe für das Lesen sind vergänglich.

Lesen unter Eingeweihten

First Childhood, Lord Berners (1943)
Una notte nel demi-monde, Alberto Arbasino (1964)
Great Granny Webster, Caroline Blackwood (1977)
Remnants of an Unknown Woman, Ursule Molinaro (1987)

sind gescheiterte Bücher, die uns trotzdem lange überdauern werden. Kaum einer zitiert sie, niemand kauft sie. Gefloppt, gefloppt, gefloppt! Verlierer in einer indifferenten Welt, die nur den Siegern das Leben gönnt! Bleiben also die drei oder meinetwegen auch vierhundert Menschen, die wissen, dass es wunderbare Bücher sind, voller Humor, Melancholie, Sarkasmus, Einfallsreichtum und anderen Geniestreichen. Es gibt natürlich noch mehr davon, aber die behalte ich für mich und unsere kleine Schar, wie es bei Seneca heißt – womit ich bestimmt nicht sagen will, dass wir Stoiker sind. Nein, über diese Titel werde ich kein Sterbenswörtchen verraten, nicht einmal unter der schlimmsten Folter, der Lektüre eines Krimis. Wie unsereins es überhaupt angestellt hat, diese Juwelen zu entdecken? Durch Ausprobieren. Einmal ausprobiert – war nichts. Egal. Nochmal ausprobiert. Wieder nichts, wenn auch besser. Weiter ausprobiert. Im Hinterhalt lauern Faulheit, Kleinmut und Bescheidenheit – die wohl größte Gefahr – und warten darauf, den Leser in die Irre zu führen. Eine Lektüre muss man anprobieren wie Schuhe. Wir dürfen niemals denken, dass wir für diese oder jene Lektüre nicht gut genug seien. Aber es gibt durchaus Bücher, die für uns nicht gut genug sind.

Der Leser ist ein Phrasen-Sack

Dieser Schriftsteller hat ein Buch gemacht … Singe, Göttin, den Zorn des Peleussohnes Achilleus … Nun ist der Winter unseres Unbehagens … Es lebe der König Babar! Es lebe die Königin Celeste! … Er reiste. Kalypso war untröstlich über die Abreise des Ulysses … Was treibt dich her? Des Vaters traurig Los. *After their processing, the dead Sit down in groups and watch TV, In which they must be interested, For on it they see you and me. Ein jeder Engel ist schrecklich …* ET J'AI FINI …

Lesen heißt, sich tätowieren lassen

Wenn es dem Leser gelänge, sich von allen Sätzen, die ein Schriftsteller geschrieben hat, einen, nur einen einzigen zu merken, der in die Erinnerung eingebrannt alle anderen in sich trüge, so wäre dieser Schriftsteller gerettet. Denn eine solche Erinnerung hält das Interesse des Lesers wach, seine Zuneigung, und macht die nochmalige Lektüre möglich.

»Ist das Werk einmal dem Urteil der Menschen entzogen, geht es unter entsetzlichen Qualen zugrunde.«
Samuel Beckett, *Die Welt und die Hose*

Wir Franzosen haben eine große Schwäche für die Verfasser von Maximen. Sie tätowieren uns für immer den Geist. Ihre Bücher sind wie Buden, deren Wände nicht mit Drachen, Delfinen, Totenköpfen oder Tribal-Motiven, sondern mit Aphorismen gespickt sind. Begeistert blöken wir ihre Sätze nach wie eine Heerschar intellektueller Schafe, die ein Polemiker einmal als die »Internationale der Zitationisten« getauft hat (allerdings hat er da selbst wohl ein bisschen zitiert).

»Mein Geist entgleitet mir. Ich muss ihn hinterrücks wieder
einfangen, indem ich spreche.«
Susan Sontag, *Wiedergeboren*

»Kurze Sätze, mein Schatz ...« Von wem stammt der Ausspruch
noch gleich? Hat das Fouquier-Tinville zu Marie-Antoinette gesagt? ... Es gibt eine Ideologie des kurzen Satzes, die wie alle Ideo-
logien die Vielfalt des Lebens negiert. Gut sind Bücher mit beidem:
mit langen Sätzen, welche die Leichtfüßigkeit der kurzen spürbar
machen, und mit kurzen Sätzen, welche die Opulenz der langen
hervorheben. Oft wirken Bücher, die ausschließlich aus kurzen
Sätzen bestehen, unendlich lang. Mit Ausnahme derer, die extra
dafür gemacht sind. Sammlungen von philosophischen Maximen
etwa haben den großen Vorteil, dass man kontern kann. Während
sich der Leser in einem Roman oder Essay wie in einem Netz
verfängt, lassen die Leerzeilen zwischen den Maximen Raum,
um einen Gedankenstrich zu setzen und das Wort zu ergreifen.
Pascal: »Alle Menschen streben nach dem Glück.« Man zwängt
sich dazwischen: »Bist du dir da so sicher? Bist du nicht vielleicht
selbst ein gutes Gegenbeispiel?« Leser mögen solche Maximen,
weil sie die Illusion eines Dialogs erwecken.

»Wer hat ein so leichtes Herz wie der Franzose, der nach
Venedig fährt, um die Gondeln zu sehen?«
Vauvenargues, *Reflexionen und Maximen*

Pascal ist eigentlich kein Verfasser von Maximen. Seine fragmen-
tarischen Schriften wurden als *Pensées*, als Gedanken betitelt, eine
durchaus treffende Bezeichnung; es sind Anmerkungen, Lesenoti-
zen, Merkzeichen oder verärgerte Kommentare über Montaigne,
und das einzige, was sie zusammenhält, ist seine Persönlichkeit
und der unterirdische Fluss seiner Reflexion, der immer wieder

wie eine Quelle hervorsprudelt. Hätte Pascal die Lücken geschlossen, wäre es ein Essay geworden. Hatte er das jemals vor? Wiederholt man eine Maxime, ist das übrigens kein gewöhnliches Zitieren. Ein Zitat – man denke zum Beispiel an den oft kopierten Zeigefinger Gottes an der Decke der Sixtinischen Kapelle – ist nur ein kleiner Ausschnitt aus dem Werk eines Autors und spiegelt seine Gedanken nicht in seiner Gesamtheit wider. Das gilt insbesondere für Zitate aus fiktionalen Werken. Was die Figuren eines Romans sagen, darf man nicht dem Autor zuschreiben. Ein Satz von Professor Brichot, dem Etymologen-Dummkopf aus *Auf der Suche nach der verlorenen Zeit*, ist zwar ein Satz von Proust, aber kein Gedanke von Proust.

»Begegnen Ihnen im Leben nicht schon genügend Idioten? Brauchen Sie in Romanen auch noch welche?«
André Malraux zu Roger Stéphane, *Tout est bien*

Maxime kommen dem Schriftsteller so nah wie es die Schrift vermag. Sie sind beinahe unmittelbare Äußerung seines Denkens und Fühlens. Sie sind kein Extrakt, sondern Essenz. Vollendet, ausgefeilt, perfekt. Ein Geschoss, das der Autor auf die von ihm selbst benannte Spezies »Mensch« abfeuert. Der Verfasser von Maximen ist häufig ein Misanthrop. Im Allgemeinen ist sein Leben alles andere als eine Erfolgsgeschichte. La Rochefoucauld misslingt seine militärische Karriere, Vauvenargues scheitert mit der Fronde, und Chamfort ist gewissermaßen ein geborener Versager, weil er in einem aristokratischen Jahrhundert als Bürgerlicher das Licht der Welt erblickt. Deshalb klingen in Maximen häufig Illusionslosigkeit, Verachtung und Überdruss an. Maximen sind Pillen *für* die Verbitterung. Und der Leser ist entzückt darüber. Im Gegensatz zu Romanen, in denen er sich mit den Figuren identifizieren will, kann er den Protagonisten der Maximen, »den Menschen«, nach Lust und Laune verachten. »Der Mensch« – so lautet der feinsinnige Name, den ein Verfasser von Maximen seinen persönlichen Feinden gibt. Der Mensch, das ist der Andere; aber nicht der ferne und somit liebenswerte Andere, sondern der nahe, greifbare Andere, dieser Dreckskerl. Der Mensch, das ist der Nachbar. Eigentlich wäre es nur ein kleiner Schritt – den der Leser freilich selten tut –, um zu dem Schluss zu gelangen, dass man selbst irgendwie auch dieser Mensch ist. »Die Dankbarkeit der meisten Menschen ist nur der geheime Wunsch, noch mehr zu bekommen.« (François de La Rochefoucauld) Ah, der Mensch, dieses Schwein! Ah, dieses Schwein, das ich nicht bin! Maximen entlarven die Fehler eines Unbekannten, der idealerweise ein Bösewicht ist. Auch Christen mögen manchmal unter den Angeklagten sein (weil sie sich zu ihren Fehlern bekennen), aber niemals die Verfasser von Maximen und nur selten ihre Leser.

»Der russische Mensch besitzt in höchstem Grade die Fähigkeit, erhaben zu denken, aber sagen Sie mir, warum bringt er es im Leben zu überhaupt nichts Höherem?«
    Veršinin in *Drei Schwestern*, Anton Čechov

Solche Autoren nennt man Moralisten. Logischerweise gibt es sie nur in Frankreich, wo die Sitten zu Gericht sitzen und – was noch schlimmer ist – ihre Schlüsse ziehen. Ein Franzose ist ein Mensch, der wissen will, wer mit wem schläft, um daraus Ursachen abzuleiten. Ein Ding der Unmöglichkeit in England, wo man schüchtern ist und sehr viel häufiger auf dem Land lebt (was dasselbe ist). Meistens bedienen sich Maximen eines Gedankenspiels von These und Antithese, zwischen denen der Mensch zermalmt wird wie von einem Nussknacker. Ist dies vielleicht der Grund, warum die Maxime nur unter sehr harten Menschen ihr kleines aber treues Publikum findet, unter der gnadenlosen Jugend und dem gefühlskalten Alter?

»Denn Jugend –«
  Virginia Woolf, *Ein Zimmer für sich allein*

Maxime taugen zur Tätowierung. Sogar Menschen, die solche Lebensregeln normalerweise nicht gerade verschlingen, lassen sie sich ins Fleisch schreiben, wenn sie zufälligerweise auf eine stoßen, die sie bewegt. Und das ist wörtlich gemeint. Der englische Sänger Robbie Williams hat sich folgende Devise auf den Oberkörper tätowieren lassen: »Chacun à son goût«.

»Sans teeth, sans eyes, sans taste, sans everything.«
  William Shakespeare, *As you like it*

Wie in allen Büchern, sogar denen von Shakespeare oder Proust, gibt es auch in sogenannten Spruchsammlungen einiges an Müll. Nur springt es bei denen mehr als bei anderen ins Auge. Manchmal glaubt man sich im Reich der Kalendersprüche: »Nichts wollen die Menschen mehr bewahren, und nichts schonen sie weniger, als ihr eigenes Leben.« (La Bruyère) Klar doch. Ausgenommen: Abenteurer, Masochisten und Monster. »Was kostet schon ein Lächeln?« (Kalenderspruch) Klar doch. Ausgenommen: Nörgler, Griesgrame und zahlreiche Moralisten. Diese Schriftsteller betrachten alles als Krieg. Alles, bis auf den eigentlichen Krieg, an dem sie häufig selbst teilgenommen haben und von dem sie sprechen, als ginge es um die Liebe. Krieg hier, Krieg da, als wäre der Krieg ein Gott, der auf uns niedergeht. Als hätte der Mensch gar nichts damit zu tun. Der Mensch richtet Unheil an, aber es ist ja nur ein Reflex. In Wirklichkeit greifen die Moralisten das Schicksal an. Sie fürchten es, sie glauben daran. Einer der Wenigen, die unsere Menschheit nicht als Hass-Mischmaschine definieren, ist Joubert, dieser »Egoist, der sich nur um die anderen kümmerte« – um einmal Chateaubriand zu zitieren, diesen Egoisten, der sich nur um sich selbst kümmerte. Joubert hat einen

der liebevollsten Sätze geschrieben, die es gibt, einen Satz, zu dem
der spröde Begriff »Maxime« so gar nicht passt: »Wenn meine
Freunde einäugig sind, betrachte ich sie im Profil.«

»Ich will jetzt ein sehr ungewöhnliches Betragen des
Phalaris erzählen. Es verrät einen besonderen Grad
von Menschenliebe; aber um eben dieser Ursache willen scheint
es auch nicht recht auf ihn zu passen.«
   Älian, *Vermischte Erzählungen*

Die besten Moralisten sind diejenigen, die trotz aller moralischen
Urteile so etwas wie Persönlichkeit erkennen lassen. Wenn man
Talent hat, vergisst man die Moral und entdeckt das Gefühl. (Eine
Maxime.) Selbst dem gnadenlosen La Bruyère entfuhr aus tiefster
Seele ein Seufzer: »Wie schwer es ist, mit jemandem zufrieden zu
sein!« Manche werden zu Dichtern, zum Beispiel Pascal. Und wer
ist menschlicher als Chamfort, wenn er schreibt: »Paris, Stadt des
Amüsements, der Freuden etc., in der vier Fünftel der Bevölkerung
vor Kummer sterben.«? Frankreich liebt seine Maximen so sehr,
dass neben diesen Spezialisten auch unzählige Amateure welche
von sich geben. Viele moderne Schriftsteller haben irgendwann in
ihrem Leben auch einmal Sprüche veröffentlicht. Daraus könnte
man ein Buch machen, Frankreichs moderne Maximen.

»Die Kunst der Komposition ist die Kunst
der Verwässerung.«
   Paul Léautaud, *Propos d'un jour*

»Man macht Verse mit der Stimme. Würden wir deren
wirkliche Beziehung besser kennen, wüssten wir, wie Racines
Stimme klang.«
   Paul Valéry, *Ego scriptor*

»Von Religion und Sex einmal abgesehen, könnte ich
wie ein Mönch leben.«
    Édouard Levé, *Suicide*

»Der Tod von irgendjemand, das ist der ganze Tod.
Irgendjemand, das ist alle Welt.«
    Marguerite Duras, *Der Tod des jungen englischen Fliegers*

Eins der besten Bonmots in diesem Buch wäre:

»Jeder Leidenschaft wohnt Feigheit inne.«
Jules Barbey d'Aurevilly, *Memoranda*

Das könnte ich mir gut als Tätowierung vorstellen, auf dem
Rücken einer lesbischen Sängerin von grausamer Intelligenz,
verletzt, brutal, rätselhaft. Allerdings wäre das wohl nicht sehr
werbewirksam.

»Den Nächsten, der mir frohe Weihnachten wünscht,
lege ich um.«
    Myrna Loy in *Der dünne Mann*

Nichts muss man so langsam lesen wie die Sammlungen von Maximen. Weil sie derart konzentriert sind, würde jeder übermäßige
Konsum zur Blendung führen.

»Wir fordern unsere Leser eindringlich auf, zu sterben,
bevor sie all dies Schreckliche erblicken.«
    Érik Satie, *Prognosen für das Jahr 1889*

Lesen, um Dinge zu entdecken,
die der Schriftsteller nicht geschrieben hat

Man kann lesen, um Dinge zu entdecken, die der Schriftsteller
nicht geschrieben hat. Im Allgemeinen sind es Dinge, die einem
nach der Lektüre einfallen, wenn man langsam den Kopf hebt, den
Zeigefinger nachdenklich an die Lippen legt, den Blick und die
Gedanken schweifen lässt. Da schau her ... Chateaubriand verliert
in seinen Büchern doch tatsächlich kein Wort über Stendhal ...
Dabei war Stendhal Diplomat wie er, und er zitiert schließlich auch
Autoren, die weitaus unbedeutender waren ... Ja, aber Chateaubriand verteilt Komplimente eben nur nach unten und innerhalb
seiner Clique. Alles hat seinem Ruhm zu dienen. Nicht einmal
aus taktischem Gespür hätte er jemals etwas Gutes über einen
Schriftsteller außerhalb seines »Netzwerks« gesagt. (Das er im Übrigen nie hatte.) Chateaubriand dachte wohl, Stendhal hätte eines,
während er nur Freunde hatte. In englischen Zeitungen schimpfte
ihn Stendhal einen Scharlatan – wenn auch unter Pseudonym –,
und wir können getrost davon ausgehen, dass irgendein wohl-
meinender Intimus es Chateaubriand hinterbracht hat. So einer
kleinen Laus, deren Biss er nicht einmal spürte, würde er bestimmt
nicht den Gefallen tun, auch nur ihre Existenz zur Kenntnis zu
nehmen! Marguerite Duras, die ohne jede Scham über ihren Alko-
holismus sprach, hat dafür ihren Geiz in ihren Büchern tunlichst
verschwiegen. Warum? War Geiz in ihren Augen ein größerer Fehler? Das wäre ungewöhnlich. Die meisten Geizhälse lieben ihren
Geiz. Sie wissen, dass man sich darüber mokiert, aber sie halten
dies für ungerecht und glauben, die Leute verstünden nur nicht,
dass Geiz in Wirklichkeit eine schmerzhafte Tugend ist. Geiz ist
das Genie der Menschen, die über kein anderes Talent verfügen.
Duras hatte Talent und war sich dessen durchaus bewusst. So
hat bei ihr die Eitelkeit jedes Bewusstsein für den eigenen Geiz
verdrängt. Und noch etwas hat diese Frau versteckt: das, was sie

anderen Schriftstellern zu verdanken hat. (Ja ja, da ist sie nicht die einzige.) In ihrer Anfangszeit als Schriftstellerin pflegte sie einen realistischen Stil der 1930er Jahre, der sich von dem eines Claude Farrère (1876–1957, KKpt, Prix Goncourt, Académie Française) nur wenig unterschied und den sie erst unter dem Einfluss eines anderen Schriftstellers abstreifte, ohne dies je einzugestehen. In *Der Tod des jungen englischen Fliegers* erdreistet sie sich zu folgendem Kommentar: »Es sollte ein Schreiben des Nicht-Geschriebenen geben. Eines Tages wird das kommen. Ein kurzes Schreiben, ohne Grammatik, ein Schreiben von einzelnen Wörtern. Wörter ohne unterstützende Grammatik. Verirrt. Dahingeschrieben. Und sofort verlassen.« Ich sage, sie erdreistet sich, weil sie die Quelle übergeht, an die sie gedacht haben *muss*, diesen Beckett, der schon vor ihr genau so geschrieben hat, und zwar nicht nur im stillen Kämmerlein. (*Der Tod des jungen englischen Fliegers* ist ein schöner Text, der dieser Programmatik im Übrigen ganz und gar nicht entspricht: ein rhetorischer Text, geschrieben wie eine Litanei, und sehr gut.) Beckett, dieser dürre Schriftsteller, hat die ganze Literatur des Zweiten Kaiserreichs und der Dritten Republik in die Klamottenkiste verbannt, eine Literatur, die sich kraft institutioneller Autorität am Leben hielt wie Wurmfraß, der sich nicht ausmerzen lässt. Georges Duhamel, ständiger Sekretär der Académie Française, Alexandre Arnoux, Roland Dorgelès, Hervé Bazin und André Billy an der Académie Goncourt, und das bis in die 1960er Jahre hinein, später dann Sartre, der auch nicht frei war von einer gewissen Feistigkeit, man könnte auch sagen Aufgedunsenheit. Und dann taucht plötzlich ein Dünner auf, und die aufgeblasenen Dicken lassen Luft ab und entfleuchen mit leisem Zischen gen Himmel. Dass auch der dürre Stil schließlich Überdruss erzeugt und einem anderen weichen muss, ist letztlich nur eine Frage der Zeit.

Was *nicht* in den Büchern steht, kann mehr sein als solch belanglose Heimlichkeiten. So lese ich zum Beispiel ein interessantes

Buch über *Menschenjagd*, das in einem moralisch integren Verlag erschienen ist. Es geht um ganz reale Menschenjagd. Alle werden erwähnt, Hexen, Schwarze, Juden, alle, nur die Schwulen nicht. Diese Weigerung, Vorgänge zu erwähnen, die hervorragend dokumentiert und auch in Ländern verbreitet sind, die sich etwas darauf einbilden, weder der mit Todesstrafe drohende Sudan zu sein noch Jamaika, dieses super sympathische Reggae-Land, wo man als *battyman* gelyncht wird, diese Weigerung also, Dinge zu erwähnen, die auch in England, dem Geburtsland der Habeas-Corpus-Akte, im charmanten Italien und sogar im libertinen Frankreich vorkommen, wo man Schwule auf Parkplätzen erdolcht, bedeutet nichts anderes, als dass man sich *auch* durch das definiert, was man *nicht* sagt. Während ich also dieses Buch, weil es ein anthropologisches Sachbuch ist, durchaus als homophob bezeichnen darf, wäre dies bei einem fiktiven Text nicht zulässig. Kein fiktives Buch erhebt Anspruch auf Allgemeingültigkeit, es beobachtet nur das Besondere; es will nicht zum Rundumschlag ausholen, es will sich an einem Detail abarbeiten. Ein Roman mit dem Titel *Die Menschenjagd* würde von einem einzigen Menschen handeln, einem Menschen einer bestimmten Epoche, mit einer bestimmten Hautfarbe, einer Herkunft und einer sexuellen Neigung. Der Autor würde keine gemeingültige Lehre ziehen, sondern eine Lesart vorschlagen – und zwar nicht im Sinne von: So ist sie also, unsere Gesellschaft, sondern: So konnte es zu diesem einen Fall kommen. Eine Dissertation über die Lynchjustiz, ein Roman von Faulkner – das sind völlig unterschiedliche Perspektiven. Politisch erreicht Faulkner nicht das Geringste, denn wie alle guten Bücher sind auch seine Bücher Formversuche.

Manche Romane haben jedoch sehr wohl eine politische Wirkung. So ist es *Onkel Toms Hütte* (1852) beispielsweise gelungen, beim amerikanischen Publikum Empörung über die Situation der Schwarzen auszulösen. Warum hat die Erzählung *Tamango* (1829), in der die Mittäterschaft eines Schwarzen an der Versklavung von Schwarzen aufgezeigt wird, dagegen nichts bewirkt? Vermutlich aus demselben Grund: Harriet Beecher-Stowe und Prosper Mérimée hatten beide eine Absicht. Eine Absicht jenseits der Form; ein politisches Anliegen. Wenn der Leser spürt, dass der Autor die Fiktion instrumentalisiert, trifft er seine Wahl. In diesem Fall hat er beschlossen, für die Schwachen einzutreten. Was nicht daran liegt, dass Leser die besseren Wähler sind, sondern daran, dass jeder Autor, der das Terrain der Literatur verlässt, um sich direkt an ein Publikum zu wenden, genau das Publikum findet, das seinem Stil entspricht: bei Mérimée ein kleiner Kreis von Spöttern, bei Beecher-Stowe ein breites, wohlmeinendes Publikum. Obschon *Onkel Toms Hütte* ein plumpes Buch ist, weckt es doch Gefühle zugunsten der Sklaven, und obschon *Tamango* ein geistreiches Buch ist, bleibt es doch auch sarkastisch, und man fragt sich nur: Ja und? Schwarze haben sich am Sklavenhandel beteiligt, soll das den Sklavenhandel rechtfertigen? Oder die Verachtung für die Schwarzen? Solch eine Verachtung vermitteln Romane, die in negativer Absicht geschrieben werden, indem sie etwa im Krieg einen jüdisch-französischen Kollaborateur agieren lassen. Die Heuchelei entgeht einem Leser nicht. Entweder er mag sie, weil sie in seinem Sinne ist, oder sie missfällt ihm, weil sie ihn brüskiert. So oder so unterstützt oder sabotiert er sie, indem er das Buch mit Begeisterung aufnimmt oder es ignoriert.

Lesen als Laster

»Wenn ich schlafen gehe, steige ich aufs Schafott«, hat der Philosoph Victor Cousin einmal gesagt. Als Kind, Jugendlicher und junger Mann war ich wie er und bin es noch. Wie kann man für so etwas wie Schlaf bloß das Schreiben, das Lesen, das Amüsement unterbrechen! Mich jedenfalls wird man noch ins Grab zerren müssen, mein Gerippe wird die Fersen in den Kies stemmen, und meine Fingerknochen werden die Seiten eines Buches umblättern, während ich mit klappernden Kiefern rufe: »Ich bin noch nicht fertig! Ich bin noch nicht fertig!«. Ah, welch ein Laster.

Valéry Larbauds Formulierung »Lesen, dies ungestrafte Laster« zitiere ich allerdings nicht besonders gern. Im Übrigen wird das Lesen sehr wohl bestraft, zum einen durch die erwähnten Leute auf den Straßen, die Umfragen machen, zum anderen dadurch, dass es uns für vieles andere keine Zeit lässt, etwa das Anhäufen eines Vermögens. Dieser Aspekt allerdings musste Larbaud entgehen, weil er sehr reich war. Nein, mich interessiert das Laster der Vielleser deshalb, weil diese Menschen durch das ständige Lesen einen diffizilen Geschmack entwickeln und nur noch übertrieben raffinierte Literatur goutieren, die manchmal die Grenze der Genießbarkeit erreichen kann. Ich selbst tauche zum Beispiel entzückt aus meiner Lektüre von *Die schönste Liebe des Don Juan* von Barbey d'Aurevilly auf. Es ist nicht das freudige Glücksgefühl, das Stendhal verbreiten kann (mit dem Barbey solche Ähnlichkeit hat), sondern ein Genuss, der dem Kenner zuteil wird, wenn ihm ein gut gebrannter Schnaps durch die Kehle rinnt. Es fehlt ihm die Unschuld, es ist böse wie der Katholizismus und die Priester und das ganze Dogma, von dem es durchdrungen ist (ah, wie wenig ähnelt Barbey doch Stendhal!) – aber trotzdem: welch ein Genie! Ein Genie der ästhetischen Form und umso genialer, als die Form bei ihm Spiegel des Sujets ist. Seine perverse Geschichte erzählt er auf perverse Weise. »Dann lebt es also immer noch, das alte, böse Sujet?«, heißt es im ersten Satz, und jemand antwortet, dass ihm jemand eine außergewöhnliche Geschichte erzählt habe, im Anschluss an ein Diner, bei dem es … So wird die Schilderung des erotischen Abenteuers immer weiter hinausgezögert, minutiös erzählt im Rhythmus einer Masturbation, die ständig unterbrochen wird, um den Höhepunkt hinauszuzögern.

Ich glaube nicht, dass man als Leser sein Handwerk beim Lesen perfektioniert, genauso wenig, wie der Schriftsteller beim Schreiben. Wenn das Schreiben mit dem Älterwerden nicht einfacher wird (weiß Gott!), dann gilt dies auch fürs Lesen. Tatsächlich haben wir es bei beidem wohl gar nicht mit einem Handwerk zu tun. Das Wort ist ohnehin ein Überbleibsel der Literatur aus den 1950er Jahren: *Das Handwerk des Lebens* von Cesare Pavese, die Bücher von Michel Leiris … Es gibt genauso wenig eine Lesekunst wie eine Schreibkunst. Wie sagte noch Woody Allen: »Ich habe einen Kurs im Schnelllesen mitgemacht und *Krieg und Frieden* in zwanzig Minuten gelesen. Es handelt von Russland.«

Man sollte also jemanden wie mich nicht um Lesetipps bitten. Ich habe durch das viele Lesen manchmal einen derart speziellen Geschmack, dass ich bizarre Bücher empfehle, die im Kanon der Meisterwerke einen eher marginalen Platz einnehmen: *Heinrich IV* eher als *Macbeth,* und von Chateaubriand eher *Das Leben des Abbé de Rancé* als die *Erinnerungen von jenseits des Grabes.* Vielleser sind wie Alkoholiker, die noch ein Gläschen trinken, wie Fettleibige, die noch einen Schlag Sahne nehmen, wie Jugendliche, die noch eine Schicht Glitzernagellack auftragen, wie Dekorateure, die immer mehr Nippes horten, wie auf dem OP-Tisch Liegende, die den Chirurgen mit stählernen Fingern am Ärmel ziehen, um mit gebieterischer Stimme »Pumpen Sie die Brüste ordentlich auf!« zu flüstern.

Solchen Exzessen ist es zu verdanken, dass auch Schriftsteller, die als schwierig gelten, goutiert werden. Ohne die Vielleser, die sich die Lippen nach raffinierten Speisen lecken, müssten wir uns für immer und ewig mit Schriftstellern begnügen, die nichts als Schonkost servieren. Den Viellesern dürfen wir auch dafür danken, dass Schriftsteller, die das Pech haben, bereits zu Lebzeiten große Erfolge zu feiern, später nicht vom Menü gestrichen werden. Joyce zum Beispiel, verstehen Sie, Joyce ist heute absoluter *Mainstream.* Von der bayerischen Creme zur Kiwi. Vor dreißig Jahren war die Kiwi in Europa eine seltene Frucht, damals wurde sie aus Neuseeland importiert, jetzt wird sie sogar in England angebaut. Niemand bestreitet mehr, dass Joyce ein Genie war. Jeder hat begriffen, wie wichtig das Scheitern seines Versuches war, mit *Finnegans Wake* eine neue Sprache zu schaffen (und somit sein Scheitern in gewisser Weise doch ein Erfolg war, denn der ästhetische Erfolg liegt manchmal im Experiment, und das ist wohl eine der interessantesten Entwicklungen des 20. Jahrhunderts – neben dem UMTS-Handy). Also sieht man ihm auch seine »klassischen« Erzählungen wie die *Dubliners* nach. Ich mag ihn sehr, das ist schon alles in Ordnung. So sehr in Ordnung, dass ich mich frage, wer, wenn nicht ich, Sie fragen würde: Joyce, schön und gut, aber was ist mit Galsworthy? Ah, ich weiß, ich weiß. Ich habe ihn selbst erst spät entdeckt. Erst musste ein altes Vorurteil ausgeräumt werden, welches daherrührte, dass ich als Jugendlicher sämtliche Bände der *Forsyte-Saga* bei x-beliebigen Leuten, wirklich x-beliebigen Leuten, die eigentlich nie lasen, herumstehen sah. Inzwischen lasse ich nicht mehr zu, dass der gnadenlose Ignorant, der ich mit siebzehn war, meine Gedanken beherrscht. Wie soll man als Autor auch nicht bei x-beliebigen Leuten herumstehen, wenn man den berühmtesten Literaturpreis der Welt bekommen hat? Umso besser für ihn, dass ihm der Nobelpreis verliehen wurde. Er wird sich gefreut haben. Das hat ihn von seinen Ängsten und Verbitterungen befreit, all den Dingen, die ihn sicher von seinem literarischen Schaffen ablenkten. Jedenfalls hoffe ich das. Ich weiß nicht viel über sein Leben, aber das sind im Allgemeinen die angenehmen Begleiterscheinungen des Erfolgs. Ich bin sehr für Erfolg, besonders, wenn er dem Talent zuteil wird. Ich frage mich, ob Galsworthy nicht kurz nach dem Nobelpreis gestorben ist, noch bevor er ihn entgegennehmen konnte, irgendwie war da doch so etwas, und das sage ich jetzt, damit die Moralisten Ruhe geben, diese Idealisten, wenn es um andere geht: »Tja. Preise haben eh keine Bedeutung. Hatte nicht mal Zeit, davon zu profitieren. Recht so. Grrr. Gebt mir noch ein Glas Gallensaft.«

Das Gute an Viellesern ist, dass ihre Haltung sich niemals zu einem absoluten Relativismus auswächst, ganz im Gegenteil. Es geht also für mich nicht darum, ein Unrecht wiedergutzumachen, indem ich ein anderes begehe. Ich bin, was Galsworthy betrifft, nicht der Meinung, dass er Joyce ebenbürtig ist, ich sage nur, dass auch er seinen Platz hat. *Die Forsyte-Saga* ist so etwas wie ein ironischer Zola, ein Romanzyklus, von dem ich meine, dass er nur eine Ebene hat, den Sarkasmus, während Joyce überraschend ist, changierend, wirklich groß, wobei Galsworthy immer noch besser ist als die Joycianer. Immerhin hat er etwas Eigenes versucht.

Er hat also den Nobelpreis bekommen. Und er hatte einen stereotypen Vornamen: John. Einen allzu englischen Vornamen. In einer Zeit, in der sich die Welt darauf gefasst macht, von den Entkolonialisierten erobert zu werden, von denen, die kein eigenes Reich haben, den Iren, den Bewohnern der Antillen, warum auch nicht? Dazu dieser Anflug einer *Butler*-Pose. Das war nicht der schlaksige Chic eines Joyce, nein, es war der Chic eines Dienstboten, der den Hausherren imitiert, und zwar mit der Dummheit derer, die an den Chic glauben und ihm nicht mit Humor begegnen. Die Nachwelt ist kapriziös.

Der Relativismus hat allerdings auch sein Gutes. Er verhindert Kriege. Relativismus ist nichts anderes als die diskrete Behauptung, dass das, was man denkt, nicht die ganze Wahrheit ist. AntiRelativisten sind häufig Besessene, die – ohne es (sich) einzugestehen – denken, dass was sie denken, absoluter Maßstab sein muss. Diese Leute werden zu Erpressern. Es gibt Joyce, es gibt Galsworthy. Es gibt mich, es gibt die anderen. Das lernt man beim Lesen, wenn man ein bisschen gegen sich selbst liest.

Man sollte niemanden um Rat bitten, man sollte eigene Schätze heben.

Gegen die Vernunft anlesen

In der Kunst halten es die Lebenden mit der Vernunft und die Nachgeborenen mit dem Wahnsinn. Deshalb ist der tote Anatole France inzwischen im Müll gelandet wie eine verdorbene Forelle in Aspik, während Alfred Jarry heute als amüsant gilt. Er musste dafür erst sterben. Die Wohlanständigkeit steht wie eine Wand vor den lebenden Künstlern und verhindert ihren Ruhm, wenn sie ihr nicht genügend Respekt zollen. Es gibt nur ein Mittel für die Unglücklichen: Sie müssen ihr schmeicheln, ohne dabei die eigene Schaffenskraft aufs Spiel zu setzen. Als Leser amüsiert mich persönlich nur der Wahnsinn. Die Vernünftigen haben mich immer schon in die Flucht geschlagen.

Lesen ist unvernünftig. Es gibt weitaus wichtigere Dinge, sagen die wichtigen Leute. Das stimmt. Und mit diesem Wissen lesen wir leise pfeifend weiter in den Büchern, die uns um eitlen Ruhm und nichtigen Reichtum bringen.

Durch Krusten hindurchlesen

Beim Lesen eines in Vergessenheit geratenen Buchs liest man nicht einfach nur das, wovon es erzählt. Man denkt auch darüber nach, was sich die vorletzte Generation (die es mochte) für Gedanken gemacht hat, und versucht sich zusammenzureimen, warum die Generation vor uns offenkundig an Geschmacksverirrung gelitten und es verschmäht hat. (Dieses Verhältnis der Generationen zueinander bedeutet für uns logischerweise, dass erst die übernächste unseren eigenen Geschmack rehabilitieren wird.) Ein Buch lebt nur dann aus sich heraus, wenn es unbekannt bleibt. Dann hat es die größte Chance, nur nach dem beurteilt zu werden, was es wirklich ist. Und wenn wir Ignoranten bleiben, bleibt auch das Buch ein unbekanntes. Ich komme aus meiner Bibliothek. Wie missraten sie doch ist!

Sie hat zwei unnatürlich vergrößerte Arme, einen Kopf klein wie ein Stecknadelkopf, einen Bauch wie ein Buddha, ihr fehlt ein Fuß und ein Auge. An französischen Schriftstellern fehlt es ihr nicht, auch nicht an englischen, amerikanischen, italienischen, lateinischen, japanischen, griechischen und österreichischen, aber bei den Indern zum Beispiel, da sieht es kümmerlich aus. Eine Milliarde Menschen, vierundzwanzig Sprachen, zweitausenddrei-hundert Jahre und bei mir bekommt sie kein einziges Regal! Eine Bibliothek verkörpert unsere Trägheit. Wir beruhigen uns damit, dass wir nicht unbegrenzt Platz haben, aber das ist natürlich eine faule Ausrede. So werden indische Romane für mich Uneinge-weihten so frisch und unverblasst sein wie kurz nach ihrer Veröf-fentlichung. Zumindest wird mir das meine Ignoranz einflüstern, um sich nicht eingestehen zu müssen, dass ihr nicht nur indische Romane, sondern auch die Geschichte, die Gastronomie, ja eigent-lich alles aus diesem Land gänzlich unbekannt sind.

Ein Schriftsteller, der schon seit langem berühmt ist, hat immer eine gewisse Ähnlichkeit mit einem ausgebeinten Hasen, der in einer Pastete schläft – um das Bild des Poeten Saint-Amant auf-zugreifen. Er ist von einer Kruste aus Urteilen bedeckt, durch die der Leser sich hindurchbeißen muss. Vor ein paar Jahren regte sich bei mir heftiger Widerstand gegen Pascal. Eine neuerliche Lektüre von Corneilles *Cid* hatte mich in Rage gebracht, und Pascal war ihr gleich mit zum Opfer gefallen: Ich hatte genug von diesen Schriftstellern, die sich als Verteidiger der Mächtigen gerierten! Erst als ich mich später doch wieder mit ihm beschäftigte, erkannte ich meinen Fehler, der sich aus der zeitlichen Nähe meiner Lek-türe des Corneille-Stücks mit der Lektüre der Pascal-Biographie von François Mauriac erklärte, Mauriac, der ihn genüsslich einen Saint-Just schimpfte, einen Terroristen. Das schien so wahrschein-lich, dass ich es tatsächlich glaubte und darüber vergaß, wer es behauptet hatte. Wankelmütige Geister wie Mauriac erschrickt die entschiedene Haltung anderer, weshalb sie diese überzeichnen.

Schlag du ruhig mit der Peitsche nach rechts, Blaise, ich ziele auf die Mitte! Pascal ist ein differenzierter Denker, differenzierter, als es den Anschein hat, wenn man ihn aus der Ferne betrachtet. So hatte ich nun das doppelte Vergnügen, mich von einem Irrtum zu befreien und mich abermals einem Genie zu öffnen.

Ein Schriftsteller schrumpft, sobald man sein Buch zuklappt, er wird simpler, summarischer, eindimensionaler, wie tot. Ein hölzerner Hampelmann. Erst das Lesen schafft wieder Nähe und schenkt neues Leben. Menschen, die nicht lesen, sind kurzsichtig, Menschen, die lesen, sind wie Vergrößerungsgläser.

Schlechte Bücher lesen – nichts als Vampire

Weil auch sie manchmal die bereits erwähnte Grenze der Genießbarkeit erreichen, mag ich Vampir-Romane, zum Beispiel *Nachtmahr* von Anne Rice (*The Tale of the Body Thief*, 4. Buch aus der *Chronik der Vampire*, 1992). Der Roman spielt im Miami der Gegenwart. Den ersten Band des Zyklus, das berühmte *Interview mit einem Vampir*, das in Louisiana und im Europa des 18. Jahrhunderts spielt, mag ich weniger. Ich mag keine Kostüm-Bücher. Ich empfinde sie per se als unecht.

Verlorene Seelen von Poppy Z. Brite (*Lost Souls*, 1992) zu lesen, war wie das fünfzehnte Chicken McNuggets in Barbecue-Sauce tauchen. Ihr ekeliger Stil ist keineswegs schlecht, nur eben ekelig. Und manchmal genießt man das Gefühl des Ekels. Es ist der Trunkenheit verwandt. Und in diesem Genre hat sie wirklich Talent (wobei das Schreiben im Rahmen eines Genres immer auch die Grenzen eines Autors aufzeigt, bedeutet es doch freiwilligen Verzicht auf den gleichermaßen einfältigen wie erhabenen Ehrgeiz, ein Meisterwerk zu schreiben). »Aber jetzt war er nicht mehr hungrig. Nicht länger krank und kalt. Der Trank eines Lebens ließ ihn sich weniger einsam fühlen als zuvor. Und wenn der Junge mit dem Gedanken gestorben war, er würde als einer aus Christians Rasse wieder zum Leben erwachen, dann konnte er ihm nicht helfen. Es war gütiger, die Kinder in dem Glauben sterben zu lassen.«

Vampire sind Metaphern für Minderheiten. Vampire gibt es nicht, wir wissen also, dass sie Verweischarakter haben. Ein Vampir steht für die Jugend (jeder ist irgendwie jugendlich, aber ein echter Jugendlicher sieht sich in der Minderheit, was er ja auch ist, wenn man die Adoleszenz im grausamen Spiegel der Vergänglichkeit betrachtet), für einen Süchtigen (weil er seinem Unglück immer wieder neue Nahrung gibt), und für einen Schwulen (nein, nein, ich denke jetzt nicht ans Aids-Blut, das doch, glaube ich, mehrheitlich Heterosexuelle betrifft – schon im Jahr 1922 gab es im *Nosferatu* ein hohes Maß an Zweideutigkeit). Und die übertriebene Schönheit dieser Wesen befriedigt all diejenigen, die sich vor Sex, Schönheit und Alter fürchten.

Murnau war übrigens ein Vampir des Urheberrechts, hat er doch den *Dracula*-Roman von Bram Stoker fürs Kino adaptiert, ohne dafür je die Rechte einzuholen. Als er den Prozess verlor, wurde sein Werk vernichtet und der Film schmolz im Feuer wie Vampire im Sonnenlicht. Glücklicherweise hatten zuvor ein paar Vampire unter den Vampiren Raubkopien angefertigt. Was wir der Unmoral in dieser Welt nicht alles verdanken!

Trotz alledem sind Vampir-Romane auch Romane über das Gewissen. Insofern ist es nicht verwunderlich, dass sie eine protestantische Erfindung sind, etwa von dem Dubliner Protestanten Bram Stoker. Auch heute werden sie von Protestanten geschrieben, in der Regel aus dem angelsächsischen Raum. Dies liegt weniger daran, dass die Protestanten über ein stärker ausgeprägtes Gewissen verfügen als andere, sondern wohl eher daran, dass sie sich mehr darauf einbilden. So kann auch Snobismus manchmal etwas Gutes hervorbringen.

Ich habe versucht, *Biss zum Morgengrauen* zu lesen, wirklich, aber es ging einfach nicht. Bleiben der Autorin Stephenie Meyer immer noch 84.999.999 Leser für ihre Romane, die weder gut sind noch schlecht, sondern miserabel. Da gibt es Dialoge wie:»Gehst du zur Schule, Bella?« »Ja, Edward, ich gehe zur Schule«. Und das ist nur ein Beispiel. Es ist zu mühsam, Wittgenstein liest sich leichter, glauben Sie mir. Das Manuskript von *Biss zum Morgengrauen* wurde von vierzehn Literaturagenten abgelehnt, ehe es zur Veröffentlichung kam. Leider gibt es immer einen fünfzehnten Agenten. Die Geschichte der Publikumserfolge ist eine Geschichte des fünfzehnten Versuchs. Zwar versuchen Verleger sich und die Literatur so gut es geht vor ihnen zu schützen. Aber es hilft alles nichts. So kam es zu *Biss zum Morgengrauen*, dem ersten blutleeren Vampir-Roman.

Wie alle Publikumserfolge kann man auch diesen Erfolg – im Gegensatz zur Literatur – durchaus erklären: Der Grund ist seine Konformität mit der Moral des anbrechenden 21. Jahrhunderts. Diese steht in auffälligem Widerspruch zur typischen schleichenden Subversion im Vampir-Genre. All die Dinge, die von früheren Vampir-Romanen angekündigt und von jungen Erwachsenen der 1970er Jahre umgesetzt worden sind, indem sie der Gesellschaft klar gemacht haben, dass Liebe und Sex zwei voneinander unabhängige Dinge sind und dass deshalb nicht gleich der Untergang droht – was jeder wusste und praktizierte, diese Aufklärer der 1970er Jahre haben ja *lediglich* die Heuchelei der Lächerlichkeit preisgegeben –, all diese Dinge werden von *Biss* schlechterdings ignoriert. Der Ignoranz fehlt es nicht an Schneid.

Auch die George W. Bush-Literatur hat ihren Bestseller. Bücher haben Bush den Weg geebnet, von denen wir in Europa nicht das Geringste mitbekommen, christlich-apokalyptische Romane, die sich millionenfach verkaufen. Wir werden sehen, ob es Barack Obama gelingt, der Vernunft wieder zu ihrem Recht zu verhelfen, was ja sein Anliegen zu sein scheint. 2010 war er so kühn, einem staatlich organisierten Wunderglauben das Wasser abzugraben, indem er sämtliche bemannte Mondflüge unterband; wieder eingeführt hatte das Mond-Projekt die Bush-Cheney-Administration, die in ihrer menschenverachtenden Haltung bisher von keiner anderen amerikanischen Regierung überboten wurde. Bei so viel Vernunft wird Obama wohl Hass ernten.

Was mich und die Vampir-Romane betrifft, so ist meine Begeisterung für sie mehr vorgespielt als echt. Sie sollen den Eindruck zerstreuen, ich läse nur Raritäten oder Meisterwerke – mein Interesse an billiger Literatur ist, wie soll ich sagen, eine Pose mit umgekehrten Vorzeichen. Bei Nick und Renas Hochzeit in Marin County waren einige Engländer zugegen, die mich mit meinem Marcel Proust im Gras liegen sahen. »Is *it really your summer reading?*«, fragten sie mich mit einer Mischung aus Spott und Bewunderung. Seit Jahren lese ich jeden Sommer – manchmal ganz, manchmal auch nur in Teilen – einen der Bände von *Auf der Suche nach der verlorenen Zeit*. Wo liegt das Problem? Probleme haben damit nur Menschen mit einem universalen Minderwertigkeitskomplex, die eine Manieriertheit darin sehen oder einen Vorwurf oder einen Grund zur Bewunderung, dabei nähme man am besten gar nicht Notiz davon. Die Lektüre als Pose ist ein sehr eigenartiges Phänomen. Es gibt sogar Leser, die nicht für andere posieren, sondern für sich selbst, indem sie berühmte Bücher lesen. Sei's drum! Wenn es sie denn zum Lesen animiert!

Stephenie Meyer. Poppy Z. Brite Anne Rice. Wie kommt es, dass so viele, ja fast ausschließlich Frauen Vampir-Literatur schreiben? Beim Krimi und beim Thriller hingegen sind die Männer fast unter sich. Krimi und Thriller – das sind blutige Steaks, gut abgehangene Realitäten, Jobs von den Kerlen, die auch am Wochenende am Grill das sagen haben. Vampir-Romane – das sind Ärmel mit Spitzenbesatz, lila Samt, schneeweißer Gesichtspuder, Mädchenkram. Genre-Romane garantieren den Fortbestand der etablierten Geschlechterordnung. Womit übrigens nicht gesagt ist, dass die Männer darin den respektableren Part haben. Wie große Kinder tappen die Männer in die Falle der Baumärkte, die Frauen in die Falle der Eleganz. Attribute sind Illusionen. Dies ist wohl auch der Grund, warum Genre-Romane, die mit Attributen spielen, nicht gerade das sind, was man Literatur nennt – sofern sich Literatur als Geschriebenes definiert, das sich in keinen Käfig sperren lässt.

Schlechte Bücher haben einen beträchtlichen Einfluss auf gute Autoren. Diese wiederum haben nur sehr wenig Einfluss oder haben ihn erst spät. Als man (ziemlich rasch) begriff, dass Marcel Proust ein großer Schriftsteller war, sagten sich seine Kollegen: Dieses und jenes kann er besser als wir, überlassen wir es also ihm. Insofern üben große Schriftsteller zu Lebzeiten lediglich einen negativen Einfluss aus. Nach ihrem Tod – und zwar ziemlich lange danach – kann es vorkommen, dass sie auf ein breites Publikum ausstrahlen; dann wird ihr Einfluss beachtlich. Viele Autoren mit weniger Niveau haben sich im 20. Jahrhundert daran versucht, Proust nachzahmen. Aber unter wessen Einfluss hat Proust selbst gestanden? Saint-Simon und Chateaubriand haben ihn nicht wirklich beeinflusst, sondern eher den Pamphletisten und Memoirenschreiber in ihm wachgerufen. Die Passagen à la Chateaubriand und Saint-Simon in der *Suche nach der verlorenen Zeit* sind gewollt und im Übrigen weder Imitationen noch Kopien, sondern ironisch gefärbte Hommagen. Wenn sich etwa der alte Charlus an seine Freunde erinnert – »Hannibal de Bréauté, tot! Antoine de Mouchy, tot! Charles Swann, tot!« –, dann ist dies eine Anspielung auf jene Passage in den *Erinnerungen von jenseits des Grabes*, in denen Chateaubriand die Liste der Mächtigen des Veroneser Kongresses herunterbetet: »Alexander, Zar von Russland? Tot. Franz, Kaiser von Österreich? Tot. Ludwig XVIII., König von Frankreich? Tot.« In seinem eigenen Streben nach Genialität hat Proust alle Genies gemieden und sich mehr oder weniger bewusst dem Einfluss weniger guter Schriftsteller ausgesetzt. Der geniale Schriftsteller ist ein Vampir. Stiehlt er doch den zweitrangigen Kollegen die guten Ideen, um sie selbst in genialer Weise umzusetzen. Daran kann er, was jedoch außerordentlich selten geschieht, auch scheitern, und das sind die Momente, in denen der Einfluss offenbar wird. Wenn Proust Monsieur de Norpois von einem »Werk über das Gefühl des Unendlichen am östlichen Ufer des Victoria-Nyanza-Sees« sprechen lässt, so ist dies ein Stück Eugène Labiche in Reinform und hat auch wirklich nur das Niveau eines Labiche, eines Heiterkeitsausbruchs unter halbgebildeten Provinzindustriellen. Dass hier eine literarische Vorlage genutzt und nicht veredelt wurde, merken wir daran, dass Monsieur de Norpois diese im Grunde komische Äußerung ohne jeden Humor von sich gibt. Und eine komische Äußerung aus dem Munde von Monsieur de Norpois ist an sich schon unvorstellbar. Tatsächlich kann es sich der Autor an dieser Stelle nicht verbeißen, hinter dem Rücken seiner Figur eine Grimasse zu schneiden. Diesem Drang nie nachzugeben gehört zu den größten Herausforderungen eines Schriftstellers ... Halleluja, Proust hat einen Makel! Er ist ein Mensch! Er ist nicht Gott auf Erden! Wenn sogar sein Gesicht ein Fältchen zeigt, wird man vielleicht ein bisschen Nachsicht mit unseren Visagen üben!

Einfluss schlechter Schriftsteller auf Balzac: billige Historienschinken; auf Flaubert: *Ahasverus* von Edgar Quinet; auf Joyce: *Geschnittener Lorbeer* von Édouard Dujardin ... Joyce hat ganz gentlemanlike zugegeben, dass er ihm die Idee des inneren Monologs geklaut hat. Man liest ein schlechtes Buch und denkt: Wie schade! So eine gute Idee, und so schlecht umgesetzt! Indem man sie aus dem Werk herauslöst, welches sie dem Vergessen anheimgestellt hätte, perfektioniert man sie und rettet damit auch das Buch ihrer Herkunft.

Ich kann mir keinen naiveren Snobismus vorstellen als die Behauptung, man lese schlechte Bücher *schrecklich gern*, wie es W. H. Auden in *Writing* (*Prose* 1926–1938) tut. Eigentlich muss man sich auch gar nicht dafür rechtfertigen, welche Bücher man liest. Im Grunde lese ich die schlechten wie die andern nur in Hoffnung auf zufällige Beute.

Tatsächlich ist vor allem der Leser ein Vampir.

Geheimnisse und Mysterien

Es gibt Leser, die lesen, um hinter ein Geheimnis zu kommen. Was ihnen auch gelingt – leider. Schmutzige Geheimnisse, schmutzig wie Staubmäuse hinter einer Tür. Es ist merkwürdig, dass nie schöne, leuchtende Geheimnisse enthüllt werden. Als wäre das nicht wünschenswert. Die Leidenschaft, niedere Geheimnisse zu enthüllen, ist eine Manie gehässiger, bestenfalls missgünstiger Menschen. Dieses Wühlen in den Niederungen führt zu nichts, außer hier und da zu kollektiven Blutbädern. Die unschöne Leidenschaft, einander nicht leiden zu können, zeichnet den Menschen wohl aus.

Trotz allen Aufhebens ist ein Geheimnis eine recht schlichte Angelegenheit: Es handelt sich entweder um einen vertuschten Fehler oder eine schöne Geste im Verborgenen. So oder so wäre es naiv zu glauben, der Mensch offenbare sich mit seinen Geheimnissen.

Balzacs Lobeswort war »Dichter«, sein Wort der Anklage »Geheimnis«. Ständig behauptete er, Geheimnisse zu enthüllen, als ob es nur darum ginge. In Literatenkreisen, die man damals noch nicht so nannte, hatte er aufgrund seines reißerischen Umgangs mit diesem Wort einen schlechten Ruf. Leser merken es selten, aber in einem Buchtitel wirkt das Wort »Geheimnis« wie das Augenzwinkern der Prostituierten in einem schlechten Film. »Komm her, Schätzchen, ich zeig dir das Glück.« Dieses Wort allein hat den Zeitgenossen von Balzac den Inhalt vieler seiner Bücher schon im Voraus vergällt. Für uns, die wir Balzac gelesen und nochmals gelesen und sein Genie gespürt haben, ist der Inhalt durch die Verpackung gesickert und hat dem Wort »Geheimnis« (etwa bei den *Geheimnissen der Fürstin von Cadignan*) das Vulgäre abgewaschen. Um Laufkundschaft zu gewinnen, hat er sich wirklich ins Zeug gelegt! Auch mit dem Wort *Kurtisanen* (*Glanz und Elend der Kurtisanen*). Alles Anzügliche in einem Buchtitel trägt den Makel der Demagogie.

Ohne sich dafür in die Niederungen von Büchern wie *Das Geheimnis meiner Schönheit* oder *Geheimnisse des Genoms* begeben zu müssen, kann man sagen, das Wort »Geheimnis« ist das Make-up wertloser Bücher:

Das letzte Geheimnis, Bernard Werber
Das große Geheimnis, René Barjavel
Brennendes Geheimnis, Stefan Zweig

Auch kann das Wort in durch und durch betrügerischer Absicht verwendet werden, ein Beweis hierfür wäre das *Geheime Tagebuch* von Puschkin. Es ist eine Fälschung.

Ich bin dafür, Geheimnisse aufzudecken. Nicht weil sie der Generalschlüssel zu allem sind, sondern gerade aus dem gegenteiligen Grund. Was sie aufschließen, sind schäbige Tapetentüren, die zu kleinen Abstellkammern führen. Die sollte man einfach öffnen, liegenlassen und sich den wichtigen Dingen zuwenden. Dieses interessante Verfahren zeichnet die amerikanische Fernsehserie *Brothers & Sisters* aus. Die Figuren haben keinerlei Geheimnisse voreinander. Sobald jemand von einem neuen oder bis dato geheim gehaltenen Vorfall Kenntnis erlangt, erzählt er es weiter. »Papa hatte eine Geliebte.« »Du musst Jonathan sagen, dass du mit Warren geschlafen hast.« Es muss etwas mit der uramerikanischen Ideologie der Redlichkeit zu tun haben. Jedenfalls macht es die armselige Dramaturgie des Geheimen zunichte. Geheimnisse sind Tricks von faulen Künstlern. Alfred Hitchcock hat sein ganzes Werk darauf aufgebaut. Man kann ihn dafür bedauern, denn er hatte sehr viel Talent. Das zeigen zahlreiche Szenen in seinen Filmen; aber er wollte der Mehrheit gefallen und hat sein Talent mit Füßen getreten. Von daher wohl auch der spöttische, blasierte Ton, der bei ihm vielleicht Ausdruck von Scham war. Oder Hitchcocks literarisches Gegenstück, Edgar Allan Poe. So viel Talent auf Rät sel zu verwenden! Wenn das Geheimnis dieser

Trickkünstler erst einmal preisgegeben ist, was bleibt dann noch? Ein kleines Häufchen gezinkter Karten.

Ein Roman versucht ein Mysterium zu erhellen. Das Mysterium einer Person. Andere halten uns immer für schlicht, weil wir ihnen meist nur eine Seite unserer Persönlichkeit zeigen, einen vereinfachten Charakter, der uns und ihnen gelegen kommt. Nach unserem Tod, wenn unsere Höflichkeit von uns abgefallen ist, werden wir schwieriger. Eine Romanfigur ist wie ein Toter. Jemand, den wir immer wieder von allen Seiten betrachten, um zu verstehen, wie er funktioniert. Viele bequeme Romanciers reduzieren ihre Protagonisten wie auch die Persönlichkeiten in ihrem Umfeld auf eine Sonnen- und eine Schattenseite. Das aufzudeckende und natürlich nur den Autoren bekannte Geheimnis ist der Schlüssel zu dieser Reduktion. Ich ziehe es vor, wenn man den Figuren ihre Undurchsichtigkeit lässt. Wir sollten sie nicht besser durchschauen können, als wir im Leben die Menschen durchschauen. Über ein anderes Wesen kann man niemals alles wissen. »Alles« ist eine ungenaue Größe und nicht einmal zwangsläufig interessant. Die Fäden unserer Persönlichkeit laufen nicht alle in einem Punkt zusammen. Es gibt bestimmte Romane, in denen der Autor gleich zu Beginn das Geheimnis seiner Figur verrät. Geheimnisse existieren, jeder hat welche; und oft sind es sogar dieselben. Aber wie kann es sein, dass diese Romanfigur mit gewöhnlichem familiärem Hintergrund so geworden ist, wie sie ist? Das ist ein Mysterium, und es ist das Thema des Buchs. Genau! Ein Mysterium scheint mir weitaus bedeutungsvoller zu sein als ein Geheimnis. Geheimnisse kann man verraten, Mysterien hingegen lassen sich niemals erklären. Allenfalls kann man versuchen, das seltsame Zusammenspiel aufzuzeigen, durch das der unerklärliche Teil eines Menschen, dieser spirituelle, verrückte Teil, sein Schicksal bestimmt.

Jedes noch so perfekte Räsonnement hat irgendwo eine Lücke. Sie ist das Loch, durch das uns die allumfassende Erklärung, sobald wir ihr zu nahe kommen, wieder entwischt wie eine

Kugel, die sich im Weltraum verliert. Dieses sich immer weiter verflüchtigende Wissen ist das, was man Mysterium nennen kann. Wahrscheinlich muss es uns fliehen: Denn dadurch lockt es uns an. Und so schleppt sich der Mensch weiter durch die Wüste des Verstandes, die Fata Morgana unablässig vor Augen.

Es liegt in der Natur des Geheimnisses, geheim bleiben zu wollen. Der Roman versucht, ihm auf die Schliche zu kommen, darin liegt sein Missgeschick. Oder besser gesagt, sein technisches Geschick, seine *Kunst*, doch zugleich seine Gefühlsarmut. Den Kurzfassungen der *Ilias* und der *Odyssee* und den *Märchen und Legenden der griechischen Mythologie*, die ich als Kind las, verdanke ich einen gewissermaßen mystischen Glauben daran, dass sich der Geist unserem direkten Zugriff entzieht, sich uns stattdessen auf mysteriöse Weise aufzwingt – ein Mysterium, das eines bleiben sollte. Mysterien sollten vergrößert werden.

Ein Lese-Poker

Ich kaufe für 6,99 € (ziemlich teuer für einen Gérard de Villiers, wie ich dem unbeeindruckten Kiosk-Besitzer mitteile) das neueste Spionage-Heftchen, Titel *Rouge Liban*. Es ist ein Lese-Poker aus schierer Neugierde. Der Anfang ist nicht schlecht, hat Tempo und eine vulgäre Energie. Vierzehn Seiten später am Ende des ersten Kapitels ist damit allerdings Schluss. Der Text bleibt in miesesten Dialogen stecken. Es gibt einfach niemanden, der diesem faulen Kerl einmal sagen würde, dass sein Talent, so er denn welches hat, in den Beschreibungen liegt. Sie sind herablassend und zeigen alles andere als eine empfindsame Seele, aber immerhin. Zwei Beispiele aus den fünfzig Seiten, die ich gelesen habe: »Der [saudiarabische] Prinz warf einen Blick auf das Häufchen Gold und Diamanten, das ihm als Uhr diente.« Oder folgender Kommentar zwischen zwei Dialogsätzen: »Ein Engel flog vorbei und ergriff erschrocken die

Flucht.« Der Autor arbeitet mit einer solchen Akribie, dass dieser Satz, der erstmals auf Seite 42 auftaucht, völlig unverändert auf Seite 47 wiederkehrt. Ansonsten herrscht hier völliger Ernst, was solche Bücher noch mehr verdirbt als andere. Ich greife zu einem Balzac, den ich vor ein oder zwei Jahren für eine Reise gekauft, aber nie mitgenommen habe. Im Nu stehen etliche Kritzeleien auf den Seitenrändern und auf dem Vorsatzpapier.

Nur große Bücher sind unterhaltsam.

Klassiker lesen

Häufig wird »Klassik« mit dem Begriff »Pantoffel« assoziiert. Aber die Klassiker sind alles andere als Pantoffelhelden, sondern Revolutionäre. Denken Sie nur an François de Malherbe und Nicolas Boileau, die großen Theoretiker und zugleich Praktiker der Klassik im 16. und 17. Jahrhundert: Ständig sind sie damit beschäftigt, das zu zerstören, was ihnen vorausging. Welches Verbrechen sie ihren Vorgängern vorwarfen? Die Eigensinnigkeit. Klassiker sind Pedanten, bei denen jede Regellosigkeit Unmut erzeugt. Deshalb werden sie reaktionär: Das Leben folgt keinen Regeln. Wenn es nach ihnen ginge, gliche alles der Rue de Rivoli, einer Folge regelmäßiger Arkaden, oder der Akropolis. Es gibt jedoch nichts, was der Akropolis ähnelt, außer der Akropolis selbst. Das Leben ist von Natur aus barock. Ludwig XIV., ein großer Klassiker, ließ die Place Vendôme zerstören, um sie neu – schöner – wieder aufzubauen. Das spricht gegen den Konservatismus. Ein Wunder, dass er den Teil von Versailles, den sein Vater gebaut hatte, nicht niederriss. Doch da ging es eben um seinen Vater. Also um eine regelgerechte Erbfolge. Um etwas Klassisches. Um das Recht des Erstgeborenen, diese Rue de Rivoli des Blutes. Der englische Dichter T.E. Hulme (1883–1917, er kam in Flandern an der Front durch einen Granatsplitter ums Leben) hat einmal gesagt: Man müsste alle zehn Jahre ein Museum abreißen. Hulme war ein rechtsgerichteter Neoklassiker und gewissermaßen Vorläufer dessen, was T.S. Eliot einige Jahre später werden sollte. Patrick McGuinness, sein Verleger, hat mir die Geschichte erzählt, wie Hulme, als er von einem Polizisten zurechtgewiesen wurde, weil er an eine Hauswand pinkelte, dem Beamten entgegnete: »Ist Ihnen eigentlich klar, dass Sie mit einem Mitglied des Mittelstandes sprechen?« Das war natürlich ein Bonmot, aber Hulme war *tatsächlich* stolz darauf, dieser in England so gering geachteten Schicht anzugehören, mit der das Land immer noch ein Riesenproblem hat. Patrick McGuinness: »Der brave englische Polizist wird ihm geantwortet haben: ›Sorry, Sir.‹«

Die Vertreter des Barock – unordentliche Menschen und Bewahrer der Unordnung – sind letztlich konservativer als die Klassiker. Oder sagen wir: gemäßigter, konservativ können sie nicht sein, dafür sind ihnen Bewegung und Abwechslung zu wichtig, schließlich verkörpern sie beides geradezu. Der Barock macht viel Wind. Aber im positiven Sinne. Frischen Wind, in Marmor gehauen. Dem Barock gelingt es, den Wind einzufangen.

Dinge lesen, die nirgends stehen

Manche Leser lesen, um ihre eigenen Vorurteile zu bestätigen. Wenn sie nichts Entsprechendes entdecken, denken sie es sich aus. Wie oft sind mir schon Leute begegnet, die mir gesagt haben: »Endlich einmal jemand, der nicht davor zurückschreckt, Stendhal zu hassen, bravo!« oder: »Wie Sie Proust in die Mangel nehmen, ein Genuss!« Den Stendhal-Hassern antworte ich: »Aber ich kritisiere doch nur die politische Besessenheit *am Anfang* einiger seiner Bücher, ansonsten habe ich geschrieben, dass ich in ihn vernarrt bin, dass die Herzogin Sanseverina eine meiner Lieblingsfiguren ist, dass …« Aber sie runzeln nur die Stirn und schließen die Festungsmauern um ihren kleinen Gral der Ablehnung.

Den Proust-Kritikern sage ich, zum Beispiel gestern irgendwo in Straßburg: »Ja, aber ich habe doch in allen meinen Büchern ein so aberwitziges Loblied auf ihn angestimmt, dass ich mich an Ihrer Stelle fragen würde, ob dieser Dantzig nicht schon ein bisschen verkalkt ist.« »Ach, ja? Ich habe es selbst nie geschafft, Proust zu lesen«, antwortete mir der Dickwanst enttäuscht und wenig überzeugt. Solche Leser verwechseln ihre Lektüre mit ihren Wünschen. Man kann solchen Menschen noch so oft sagen, dass man dieses oder jenes nicht gemeint hat, wirklich nicht, nein, dass man es nicht einmal geschrieben hat – sie glauben einem nicht. Sie wollen partout etwas anderes gelesen haben.

Andere wiederum leiden unter einem solchen Narzissmus, dass sie glauben, es ginge um sie, auch wenn davon gar keine Rede sein kann. Eine Romanautorin erzählt mir, eben habe sie ein Kollege angerufen: »Du hättest mir doch sagen können, dass du in deinem Buch über mich schreibst!« Sie: »Über dich? In meinem Buch?« Er: »Du glaubst wohl, ich hätte mich nicht erkannt! Die Figur des X ...!« Diese Figur hat nicht das Geringste mit ihm zu tun. Sie ist dick, unser Kollege dünn. Sie ist schwul, unser Kollege hetero. Sie ist ... *Eben drum*, antwortet der Narziss. Ich bin es nicht, also bin ich es. Du wolltest mich maskieren. Noch frappierender ist der Narzissmus, wenn die Leser fest davon überzeugt sind, dass man über sie schreibt, obwohl man sie nicht einmal kennt. Sagt man etwas Freundliches über einen Tischler, fühlt sich der narzisstische Tischler persönlich geschmeichelt; beschreibt man eine dicke Protagonistin, hasst uns eine narzisstischen Frau, die sich in der Beschreibung wiedererkennt, bis ans Ende ihres Lebens. Eine befreundete Konservatorin, die im Jahr 2007 die Courbet-Ausstellung im Musée d'Orsay mit kuratiert hat, bekam einen Telefonanruf: »Danke, dass Sie an das heimliche Kind von Courbet erinnert haben, Madame. Ich bin sein Nachkomme.« Besorgt sieht sie alles noch einmal durch. Von einem heimlichen Kind ist nirgendwo die Rede. Die Familie dieses Anrufers, die ein unbedeutendes Leben fristete, hatte sich eine abenteuerliche Geschichte ausgedacht, der zufolge sie von dem Maler abstamme. Nun redet sie sich bei jeder Gelegenheit ein, Beweise gefunden zu haben. Solche Leute lesen nur das, was sie lesen wollen. Dahinter verbirgt sich zweifellos derselbe Mechanismus, der Menschen auch dazu bringt, sich Dinge auszudenken. Ich bin in Metz, um Interviews zu geben. Die Einladung zur Sendung von Monsieur X habe ich abgelehnt. Ein Anruf: »Charles, wo bist du? Du warst eben gar nicht in der Sendung von X, ich habe gehört, du hättest Metz schon verlassen und wärst unterwegs nach New York!« Eine Erfindung, die der Vorstellung dieses Menschen von mir entspricht. Während des Gesprächs stehe ich zwischen den Blumenvorhängen meines Hotelzimmers und betrachte die Kathedrale, deren Parterre ebenfalls eine Fiktion ist. Der neoklassische, ausgesprochen schöne Sockel (ein Teil davon steht noch), der den Turm wie ein Schmuckstück eingefasst haben muss, wurde von den Preußen zerstört. Sie haben ihn durch ein neogotisches Parterre ersetzt, in das sie sogar einen Propheten mit den Gesichtszügen von Wilhelm II. platzierten. Er ist der heilige Schutzpatron aller Leser, die selbstsüchtig lesen.

Jedes Autoren-»Ich« übt einen Reiz auf diese Leser aus. Ein Ich gehört mir. Und der Erste, der sich etwas vormacht, ist der Schriftsteller selbst. Nichts hat mehr Ähnlichkeit mit einem Ich als ein anderes. Aber nicht das Ego entscheidet über die literarische Persönlichkeit, sondern das Talent. Und dieses Talent ist keine »Kunst«, sondern eine Mischung aus vielen Dingen: der »Kunst«, dem Ego, der Emotion, der Schläue, den anderen Egos, die mit dem Ego des Autors konkurrieren, unabhängig davon, ob es eitel, chauvinistisch und wehleidig oder fröhlich, einnehmend und durchtrieben ist. Das Talent ist eine ohne jedes Rezept zubereitete Minestrone, deren Ingredienzien kein Michelin der Rhetorik, Analyse oder Statistik jemals auf den Punkt bringen könnte, denn manchmal berührt eben der Geist unser mühseliges Tun und schenkt uns seine Gunst.

Lesen, um sich zu verjüngen

Die Lektüre von Memoiren ist eine Verjüngungskur, besonders, wenn es politische Memoiren sind. Die Zeit, um die es geht, haben wir selbst miterlebt. Sie wiederzuentdecken, ist verblüffend und amüsant. Was die Mächtigen seinerzeit verheimlicht haben, kommt nun ans Licht. Na, so was! Es war ja schlimmer, als ich damals glauben wollte! Für die nachfolgenden Generationen hingegen ist es nichts als tote Materie. Sie ziehen es vor, unsere Dummheiten zu wiederholen. Warum sollen sie also Bücher lesen, in denen steht, worin unsere Dummheiten bestanden?! Überhaupt werden Bücher dieser Art häufig schal. Weil kein Talent darin steckt, leben sie nur von unserer Neugier, unserer Nostalgie und von den Überresten unserer politischen Passion. Nur literarisches Talent vermag auch bei Nicht-Eingeweihten das Interesse an einem Buch wachzuhalten.

Lesend die Zeit vertreiben

Zeitangaben sorgen in einem Roman für Langeweile. »Er suchte stundenlang …« Schon überspringt der Leser diese Stunden. »Er suchte« reicht häufig aus. Das »stundenlang« ist nur dann angemessen, wenn man den Eindruck von einer halben Ewigkeit erzeugen will. Die geschriebene Zeit wird als sehr viel länger empfunden als die gelebte.

Ein schlecht gesetztes Satzzeichen, eine unnötige Wiederholung, und schon entfleuchen die Gedanken. Verrückt, was für eine Kunst es doch ist, die Aufmerksamkeit des Lesers zu fesseln. Es gibt so viele interessantere Dinge – hier, zum Beispiel ein vorbeiflatternder Schmetterling. Dann muss man als Autor eben dieser Schmetterling sein. Oder ein Elefant. Irgendetwas anderes jedenfalls als ein vermeintlicher Tänzer, der sich in eleganten Figuren ergeht und der am Ende doch nur von Krämpfen geschüttelt auf dem Boden liegt, mit zappelnden Beinen wie ein Insekt. So ergeht es den Stilversessenen. Und doch ist ihr Treiben hübsch anzusehen.

Die Vorteile einer sparsamen Interpunktion? Jede Zeichensetzung ist eine Erklärung. Nicht nur der Doppelpunkt, sondern auch das Komma, und ich persönlich halte Erklärungen für ebenso unnötig wie ärgerlich. Entweder der Leser versteht von selbst (und mit umso größerem Vergnügen), oder er versteht eben nicht, was bedeutet, dass Autor und Leser nicht füreinander geschaffen waren.

Wer liest vertreibt die Zeit. Nicht im Sinne von »Zeit totschlagen«, was dann der Fall ist, wenn man mit einem Gähnen auf den Lippen liest, um irgendwie einen Nachmittag auf dem Land mit Inhalt zu füllen. Ich rede von einer konzentrierten Lektüre, bei der man sich ganz in das Buch vertieft, jedes Zeitempfinden verliert und sogar ein vages Gefühl von Ewigkeit bekommt. Aus solcher Lektüre tauchen Leser wie Tiefseetaucher auf mit verklärtem Blick und ruhigem Atem. Sie brauchen einen Moment, um in den Alltag zurückzukehren. Deshalb fühlen sich Vielleser immer jung. Ihr Zeitvertreib hat sie nicht abgenutzt, sondern die Zeit aufgehoben. Sogar mit hundert Jahren sterben sie jung. Jede neue Lektüre war ein Sprung in erfrischendes Wasser, ein Moment, in dem sie nicht nur in der Phantasie die Zeit überwunden haben.

Lesen, um nicht zu lesen – Biographien

Ein Kritiker hat über Remy de Gourmont (1858–1915) einmal zu mir gesagt: »Er ist ein unbedeutender Autor.« Unbedeutend ist ein relativer Begriff. Jedenfalls ist de Gourmont bedeutender als der zitierte Kritiker. Das breite Publikum kann von einer geradezu charmanten Ignoranz sein. Mich hat jemand, der zu diesem

Publikum gehört (übrigens ein wichtiger Mann, wobei die gesellschaftliche Position nichts zur Sache tut – das breite Publikum setzt sich aus Leuten zusammen, die weniger als fünf Bücher pro Jahr lesen) in grenzenloser Naivität gefragt: »Ach, wirklich? Proust war homosexuell?« Vielleicht lesen die Leute deshalb Biographien: Um keine echten Bücher zu lesen.

Ich lese die Biographie eines sehr guten englischen Schriftstellers, und sie besteht aus Sätzen, von denen einer plumper ist als der andere. Dass ihr Leben von Leuten erzählt wird, die weniger gut schreiben als sie selbst, ist wohl das Schicksal guter Autoren. Auf diese Weise werden sie wieder zu gewöhnlichen Menschen gemacht.

Darin liegt auch der Grund dafür, dass die im Umgang mit Kunst und Literatur so bangen Engländer ganz versessen auf Biographien sind. Diese scheinen *Erklärungen* zu liefern.

Vielleicht geht es darum, sich sagen zu können, dass Schriftsteller Menschen wie du und ich sind. Oder darum, das Mysterium des künstlerischen Schaffens zu durchdringen, was diese biographischen Bücher freilich nicht leisten können. Den begnadeten Moment künstlerischer Vollendung kann eine Biographie genauso wenig einfangen, wie ein Röntgenbild unseren Geist. In gewisser Weise negieren Biographien das Erhabene.

Ohne Rücksicht auf den Schriftsteller lesen

Lange Zeit hatte ich nicht die geringste Ahnung von Jacques Lacan, während seine Bewunderer schon eine Art Sekte formierten, was nur von deren Naivität zeugte. Andere bezeichneten ihn als Scharlatan, wieder andere als preziösen Dichter – etwas Intelligenteres hatten sie ihm nicht vorzuwerfen, womit sie zugleich die Poesie als unnützen Tand verunglimpften. Ich fände es außerordentlich gut, wenn er preziös wäre, das gereichte schon großen Schriftstellern zum Lob. Auch lese ich seine Bücher ohnehin nur wegen ihres literarischen Aspekts, denn von Psychoanalyse verstehe ich nichts. Literatur dort zu suchen, wo man sie nicht vermutet, ist ein gutes Motiv für das Lesen. Andernfalls wäre die Literatur wie eine Reise mit dem Gastronomieführer in der Hand. »Tanizaki. Ist einen Umweg wert. Dante. Meisterwerk garantiert.« Es gibt einen Namen dafür: *Lagarde et Michard*. Ich vermute, dass auch andere Länder solche altehrwürdigen, unerfreulichen Schulbücher für den Literaturunterricht haben, die einzig und allein darauf abzielen, die Jugend mit der Vorstellung zu demoralisieren, dass Genie zwangsläufig etwas Moralisches ist. Ein Meisterwerk? Sterbenslangweilig!

Das erste Buch von Lacan, das ich gekauft habe, hat mich enttäuscht, denn es war lesbar. Über *die paranoide Psychose in ihren Beziehungen zur Persönlichkeit* war Lacans Dissertation im Fach Psychiatrie. Noch nie hat jemand eine Dissertation geschrieben, die zu seiner Person gepasst hätte. Dissertationen sollen zur vorgefassten Meinung passen, die sich eine Universität auf ihre Fahnen geschrieben hat. Wir brüsten uns damit, die Zeiten hinter uns gelassen zu haben, in denen die Sorbonne Jagd auf alle Denker machte, die ihre Aristoteles-Interpretation nicht respektierten, dabei sind wir auf unsere Weise noch immer mitten drin. Die französische Universität wandelt von Dogma zu Dogma, was dabei konstant bleibt, ist nur ihr Hass auf alle Schriftsteller, weshalb sie diese in ihren Arbeiten systematisch übergeht. Verschlagen kreist sie um sich selbst und delektiert sich an ihrer eigenen Verschlagenheit. Eifersucht ist die Erklärung für ihr Verhalten. Professoren, für die Arbeit ein Fremdwort ist und die kein Manuskript jemals pünktlich oder in versprochener Länge abgeben (aber sehr wohl imstande sind, ihre Studenten schuften zu lassen, deren Ideen sie klauen), beneiden die Schriftsteller, die sich zu Tode schinden, dabei so tun, als frönten sie dem Dolcefarniente, und dafür zu allem Überfluss in den Zeitungen gelobt werden. Manche Motten sähen sich gern als Adler. Im Grunde hat mein erstes Lacan-Buch also gar nicht *mich* enttäuscht, sondern *mein Vorurteil*; ich selbst bin durchaus zufrieden. Ich habe dieses Buch von Lacan mit Interesse gelesen und glaube, für mich etwas daraus gewonnen zu haben.

Obwohl mir seine Großspurigkeit ziemlich auf die Nerven geht, wenn er zum Beispiel in *Meine Lehre* betont, dass ihm dies oder jenes als Erstem aufgefallen sei, habe ich noch weitere Bücher von ihm gelesen. Die Prahlerei verhindert keine spannende Aussage nur das gespannte Zuhören. Das Terrain der Literatur verlasse ich übrigens keineswegs, indem ich über Lacan spreche. Dieser träumte davon, literarisch zu schreiben, und sah in den Psychoanalytikern Poeten. Die Literatur war ein Ideal für ihn. Diese Idealisierung der Literatur unter Gelehrten ist eine französische Besonderheit. Von daher auch unsere stilsicheren Philosophen, die man uns im Ausland regelmäßig zum Vorwurf macht. Die Globalisierung erlaubt unserem Land als Spezialität gut geschnittene Kleidung, untersagt uns aber das gut geschriebene Buch. Französische Filme, in denen lesende Menschen gezeigt werden, und Romane, die als verkopft gelten (als ob »verkopft« eine Beleidigung wäre und wir keinen Kopf haben dürften), werden ebenfalls gern bemäkelt. Mein Land hat viele Fehler, gerade diese begeistern mich. Weil die Literatur unsere Sache nicht sein soll, gilt sie auch nicht als Spezialgebiet, das zu betreten nur ein Diplom erlaubt. Frankreich ist das demokratischste Land der Welt, in dem die Haute Couture der Sprache allen Menschen zur Verfügung steht, sogar alten Professoren.

Mit Humor – denn auch den hat er, und vielleicht brachte gerade die Tatsache, dass er lachend reüssierte, seine Feinde so gegen ihn auf – sagte Lacan von sich selbst, er sei vom Typ her ein Pontius Pilatus. Ich bin vom Typ her eher ein La Fontaine. La Fontaine geisterte durch die Flure von Versailles und fragte jeden, ohne ihn auch nur zu grüßen: »Haben Sie Baruch gelesen? Ich lese derzeit die Propheten, wussten Sie, dass er ganz hervorragend ist?

Ah, Baruch! Guten Tag, mein lieber Freund. Haben Sie Baruch gelesen?« Für kurze Zeit avancierte die Sache zur Hof-Anekdote, und in Frankreich war der Hof etwas so Wichtiges, dass mir die Szene noch drei Jahrhunderte später bekannt ist. Na ja, immerhin war es auch La Fontaine. Gute Schriftsteller sind wie ein Erinnerungsknoten im Taschentuch. Wegen ihres Talents. Über bekannte Schriftsteller wird viel Unsinn geredet, aber es ist nicht irgendein Unsinn; es ist ein Unsinn, der unserem Phantasiebild von ihnen entspricht. Und sind wir Vertreter der schreibenden Zunft denn auch nur einen Hauch besser? Ein Schriftsteller ist zunächst einmal Leser, und wenn mich – so wie La Fontaine – das Talent eines Schriftstellers, den ich zum ersten Mal lese, in seinen Bann zieht, dann geistere ich durch die Flure von Paris und frage jeden: »Haben Sie Lacan gelesen?« Was für eine Frage! In Paris haben die Leute alles gelesen, natürlich.

Wenn ich sage, ich kannte ihn schlecht, so bedeutet dies eigentlich, dass ich ihn gut kannte. Sein Ruhm versperrte mir den Blick auf seine Bücher. Man hat ja immer so viel anderes zu lesen, dass man den Vereinfachungen, die mit dem Ruhm einhergehen, irgendwann glaubt. Tatsächlich reduzieren sie den Autor immer auf den hervorstechendsten Aspekt seines Wirkens, das heißt letztlich auf den Aspekt, der am wenigsten charakteristisch ist. Versucht ein Schriftsteller hingegen, durch keine besonderen Eigenschaften aufzufallen, so fallen auch seine Bücher niemandem auf. Hervorstechen oder lügen. So oder so tappen wir in die Falle der nichtlesenden Leser.

Lacan war so lala, irgendwie tyrannisch, und La Fontaine, dieser monströse Hedonist, versteckte sich hinter seinen Zerstreuungen. Die Bücher eines guten Schriftstellers sind besser als er selbst. Daran kann man ihn erkennen. In der Person eines Autors stecken viele Ichs, die sich darum raufen, ein Buch zu schreiben, und eines dieser Ichs – sehr verborgen, sehr intim, sehr hart – hält die anderen davon ab, den Weg des geringsten Widerstandes einzuschlagen. Ein weniger guter Schriftsteller ist grundsätzlich besser als seine Bücher und im wahren Leben charmanter, intelligenter, genialer. Wobei das Leben diese ausgleichende Gerechtigkeit nicht immer mit aller Konsequenz walten lässt. Es gibt durchaus gute Schriftsteller, die auch reizende Menschen sind. Diesem Mangel an Logik hat das Leben übrigens seine Schönheit zu verdanken. Insofern ist es gelungener als der Roman, dieser Versuch einer Rationalisierung, der sich als »Spiegel« des Lebens präsentiert. Ein Zerrspiegel also. Über die Idee des Realismus und über das Vertrauen, das man in ihn setzt, kann ich nur lachen. Es gibt eine Kategorie von Schriftstellern, die ich mag: die romantischen Aufklärer; sie sind die einzigen, die sich trauen, den Lesern zu sagen: *Glaubt* uns nicht. Die Literatur ist mehr wert als bloßer Glaube.

D.H. Lawrence: »Jeder Mensch hat ein Pöbel-Ich und ein individuelles Ich, in unterschiedlichen Proportionen.« (*Pornographie und Obszönität*) Ah, was für ein schöner Ausdruck! »Ein Pöbel-Ich« – *a mob self*. Gute Leser wie auch gute Schriftsteller vertreiben ihr Pöbel-Ich, um sich an einen anderen Ort zu versetzen, wohin, das wissen sie nicht. Demagogische Autoren und duckmäuserische Leser lassen ihrem Pöbel-Ich den Platz in der ersten Reihe.

Lesen kann uns Leser in die Loge heben.

Falten lesen

Aus

wird nicht

ohne dass dabei Scham,
Schmerz und Leid eine Rolle spielen.

Und aus

wird nicht

durch Alter allein. Verbitterung und Bosheit tragen dazu bei.
Gesichter sind die einzigen realistischen Bücher.

Keine Bücher lesen

Einen Körper kann man lesen, eine Landschaft weniger. Ein Körper ist auf seine Weise ein Kunstwerk. Man schminkt ihn, macht ihn zurecht, und zumindest ab einem gewissen Alter gestaltet unsere Persönlichkeit seine Oberfläche neu. Auch Landschaften sind zwar nur in geringem Maße »natürlich«, weil der Mensch sie in Millionen von Jahren geprägt hat, aber dennoch sind sie nichts vom Menschen Geschaffenes; ich würde sagen, dass sie bestenfalls den Rang von Zeichen erlangen können. Ein Baum ohne Blätter auf einem schneebedeckten Feld ist ein Ideogramm. Sowohl meine Abneigung gegen Felder und Wiesen als auch meine Liebe zu Stränden haben mit meiner Begeisterung für das Zeichenhafte zu tun. Am Strand gibt es kein Gras, keine Erde, nichts Schlaffes. Die Linien sind klar, das Material nüchtern, das Licht unverstellt. Der Strand, das Meer, der Himmel. Drei Farbstreifen. Ein Rothko. Und nun drängen Sie mich bitte nicht dazu, etwas zu Schwimmbädern zu sagen – das habe ich schon zu oft getan – oder zu jenem unbekannten Genie, der die Idee hatte, rechteckige Mulden in die Erde zu schneiden, um sie mit einem der Natur unbekannten Blau aufzufüllen, wie eine Aneinanderreihung von Yves Kleins. Landschaften liest man weniger, als dass man sie interpretiert.

In der venezianischen Fondazione Giorgio Cini sollte im Jahr 2010 eine Ausstellung über Sebastiano Ricci demonstrieren, dass Entwurfsskizzen besser sein können als die eigentlichen Gemälde. Auf Italienisch sagt man *bozzetto* dazu, wobei die Künste in diesem Land so hochentwickelt sind, dass es noch dreizehn andere Wörter dafür gibt:

abbozzamento

abbozzatto

abbozzo

abbozzo grande

buzza

macchia
modellatto
modello
pensiero
piccolo modello
sbozzetto
sbozzo
schizzo

Wie ungeschliffen und grobschlächtig wir dagegen sind! Ja, die italienischen Leser sind in dieser Domäne weiter als die Leser jedes anderen Landes … Vielleicht sollte einmal ein französischer »Minister der Feder«, wie es ihn unter Haile Selassie in Äthiopien gab, Frachtflugzeuge einsetzen, um containerweise Wörter zu importieren, die uns fehlen. Wir wüssten uns schon damit zu helfen, erst tollpatschig wie Babys, denen die Rassel aus der Hand fällt, dann immer geschickter. Dass die Skizze besser sein soll als das Gemälde, könnte man für den launigen Einfall eines von Museen übersättigten Kunsthistorikers halten, der Abwechslung sucht; schließlich lassen sich auch Theaterkritiker bei ihrem hundertsten Racine gern von einer nackten *Andromache* betören. Gleichwohl belegt die venezianische Ausstellung die These durchaus. In Riccis Fall war schon der Kunstkritiker Rodolfo Pallucchini (1908–1989) darauf gekommen; und bei Tiepolo hatte Roberto Longhi (1890–1970) bereits darauf hingewiesen: »Selbst wenn Tiepolo uns nur die Studien zu seinen Gemälden hinterlassen hätte – seine wunderbaren Skizzen –, würden wir ihn bedenkenlos zu den größten Malern des 17. Jahrhunderts zählen.« Die *bozzetti* von Ricci könnten auch von Fragonard stammen. Was die Genialität von Fragonard beweist, der es gewagt hat, Gemälde wie Skizzen zu malen, und zwar mit Erfolg. Los, von jetzt an wird ohne jeden Plan (abgesehen von dem Plan ohne Plan zu malen) gemalt, lieber unvollkommen als steif. Als Ricci einem Grafen aus Bergamo ein eilends angefertigtes, kleinformatiges Bild von *Seelen im Fegefeuer* schickt, die dieser für eine Kirche bei Ricci in Auftrag gegeben hat, schreibt er: »Sie sollten wissen, dass dieses kleine Stück das Original, der große Altaraufsatz hingegen die Kopie ist« (Brief vom 1. August 1731). So kann uns eine Gemäldeausstellung auch als Lesern etwas beibringen: dass nämlich zu langes Herumfeilen einem Kunstwerk manchmal schadet. Das gilt auch für die Literatur!

Im Flugzeug lesen

Ich habe ein eigenartiges Verhältnis zu Flugzeugen. Ich besteige sie nicht gern, freue mich aber im Nachhinein, sie bestiegen zu haben. Das Flugzeug hat sich sehr verändert. Seine Romantik hat es schon vor langer Zeit abgelegt. Als ich klein war, fand man Flugzeuge schön, außergewöhnlich, faszinierend. Ständig war ich auf der Suche nach Büchern, in denen sie eine Rolle spielen. Allein deshalb war *Flug 714 nach Sydney* mein liebstes *Tim-und-Struppi*-Heft, wird man darin doch Zeuge, wie der Privatjet des bösen Laszlo Carreidas auf einer behelfsmäßigen Piste landet. Ich mochte auch den Anfang von *Die Liebe des letzten Tycoon*, dem Roman von Scott Fitzgerald, der mit einem turbulenten Flug nach Kalifornien beginnt. Wobei es solcher Bücher im Grunde gar nicht bedurfte. Allein die Namen der Fluggesellschaften waren poetisch. Air France, UTA, BOAC, TWA, Pan Am. Pan Am! In New York gab es das PanAm Building, das mit seinem berühmten Logo die Central Station überragte und die unbekümmerte Epoche der Verkehrsluftfahrt symbolisierte. Seit es in den Besitz einer Versicherungsgesellschaft übergegangen ist, blickt niemand mehr gern zum MetLife Building hoch, ja man schämt sich geradezu, die Aufschrift zu lesen, so wie man sich vermutlich im Zweiten Weltkrieg als Franzose für die deutschen Schilder im besetzten Paris schämte und diese deshalb ignorierte.

Wozu sind Flugzeuge gut? Nun ja, sie erlauben uns zu reisen: Sie transportieren uns von hier nach dort. Und sie lassen uns auch im metaphorischen Sinn reisen: Flugzeuge wecken unsere Träume. Mit ihrer Hilfe können wir unsere Länder, unsere Gewohnheiten und möglicherweise auch unser eigenes Selbst hinter uns lassen.

So war es jedenfalls früher, doch diese goldene Zeit ist längst vorbei. Die Nörgler haben recht behalten, und Flugzeuge sind zu einem Massentransportmittel geworden. Sie sind wie Fliegenschwärme. Myriaden von dicken Fliegen, die den Himmel bevölkern. Genauso banal wie Busse, was schon der deprimierende Name »Airbus« beweist. Und es kommt noch schlimmer, aus Flugzeugen sind Waffen geworden. Das wissen wir seit jenem 11. Septembertag 2001, an dem zwei von ihnen auf die Türme des World Trade Centers geschleudert wurden. Wegen dieser Attentate ist das Besteigen eines Flugzeugs, das einst zu den simpelsten Dingen auf Erden gehörte, zu einer quälenden Prozedur geworden. Bestimmt erinnern Sie sich noch, es war ja erst vorgestern. Eine halbe Stunde vor Abflug traf man am Flughafen ein, nannte der jungen Frau am Schalter seinen Namen, sie druckte die Bordkarte aus, und eine Stunde später war man in Nizza. Schlimmstenfalls musste man, wenn man ins Ausland reiste, seinen Pass vorzeigen. Jetzt muss man vier Stunden vor Abflug antreten. Den Personalausweis präsentieren, selbst wenn man innerhalb des eigenen Landes reist. Schlange stehen, um seinen Viertelliter Mineralwasser entsorgen zu dürfen, denn der könnte gefährlich für die Piloten sein, die nur mit Whisky funktionstüchtig sind. Ach, was sage ich da? Selbst ihnen wird nur noch Wasser gegönnt, und an die Stewardessen dürfen sie sich auch nicht mehr heranmachen. Sicherheit und Tugendhaftigkeit sind die zwei Beine, auf denen die heutige Welt voranschreitet. Und so ziehen wir unsere Gürtel und Schuhe aus, um halb nackt die Sicherheitsschleuse zu passieren, gedemütigt wie Gefangene in Abu Ghraib, und steigen in Flugzeuge, in denen fortan – was kaum einer weiß – auf einem Gangplatz am hinteren Ende ein bewaffne ter Zivilpolizist sitzt, der den Passagierraum im Blick behält. Wie das Reiseziel auch heißen mag, mit dem Flugzeug fliegt man immer in den Wilden Westen.

Die äußere Schönheit der Flugzeuge steht in proportionalem Verhältnis zur Langeweile in ihrem Inneren. Besonders auf Langstreckenflügen. Und Gott weiß, wie lang sie sind, diese Langstreckenflüge. Sie erinnern mich an den Kommentar von Billy Wilder, dem Regisseur von *Manche mögen's heiß*: »Gestern Abend war ich in *Die Meistersinger von Nürnberg*. Um acht fing es an. Drei Stunden später habe ich auf die Uhr geschaut: Es war viertel nach acht.«

Was kann man noch tun? Lesen, zum Beispiel die Landkarten auf den kleinen Sitz-Monitoren, die uns die Route der großen Maschine hoch über den kleinen Kontinenten verfolgen lassen, mit Angaben wie *zurückgelegte Entfernung / verbleibende Flugdauer / Außentemperatur / voraussichtliche Ankunftszeit*. Ein Gedicht. Monoton und ganz auf das Flugzeug zugeschnitten. Haben wir es aus unserem Kopf verbannt, wenden wir uns zunächst den Bord-Zeitschriften zu, die zu neunzig Prozent aus offenkundigen Advertorials bestehen, und dann der angelsächsischen Finanzpresse, die wir auf Erden niemals läsen. Gestern brachte *The Economist* die Schlagzeile »Wie man China noch reicher macht.« Nicht etwa glücklicher oder schöner, nein, reicher. Und in der *Financial Times* lag die schamloseste Sonntagsbeilage der Welt: »How *to Spend It*«, »Wie man es ausgibt«. Will sagen: das Geld. Will darüber hinaus sagen: Wir, die wir ungeheuer viel davon haben. Es folgen Empfehlungen wie zum Beispiel Handys zum Preis von 15.000 oder Golduhren für 100.000 Euro das Stück. Das absolute Ideal von Paris Hilton. Die wohl nicht viele Bücher liest.

Einer meiner Schriftsteller-Freunde bekämpft seine Flugangst mit folgender Methode: Er nimmt ein Buch mit – ein einziges und immer dasselbe –, das schwierig zu lesen ist und einer derart

intensiven Reflexion bedarf, dass er davon ganz in Anspruch genommen ist. Bei diesem Buch handelt es sich um die *Kritik der praktischen Vernunft* von Kant. Angst mit Langeweile zu behandeln,
ist eine Therapie, derer sich Psychiater viel zu selten bedienen.
Ich selbst fühle mich in Flugzeugen nicht gerade sicher, aber ich
scheine dieses Gefühl zu mögen, denn in der Regel nehme ich
Bücher mit, die keine besonders aufmerksame Lektüre erfordern.
Gestern waren es die *Römischen Spaziergänge* von Stendhal, die sich
wie ein Tagebuch lesen. Und hoch in der Luft, gar nicht so weit
von Rom entfernt, stieß ich auf eine im Jahr 1829 geschriebene
Passage, in der Stendhal die »Zivilisation der Arbeit« definiert:
Kaum habe ein junger Mann das Licht der Welt erblickt, müsse er
auch schon arbeiten, anstatt Gedichte zu lesen oder der Musik von
Mozart zu lauschen, achtzehn Stunden am Tag, sonst stürbe er auf
der Straße am Hunger! »Arbeit« ist in diesem Zusammenhang eigentlich nicht der passende Begriff, denn er kann ja auch das meinen, was ich tue oder andere Menschen, die schöne Berufe haben,
Maler zum Beispiel oder Gärtner. Man verunglimpft den Begriff
der Arbeit, indem man ihn mit dieser »Zivilisation der Arbeit«
gleichsetzt, mit diesem abscheulichen System globaler Lohnarbeit.
Diese abgeschwächte Form der Sklaverei in der modernen Welt
wäre besser als »Zivilisation der Plackerei« bezeichnet. Im Flugzeug verharren wir im Sitzen, während sich große, blonde Frauen
mit sanftem Lächeln über uns beugen, uns zu trinken geben, uns
ernähren. Im Flugzeug sind wir wie Babys in ihren Kinderwagen,
von den Müttern gehätschelt und umsorgt. Eine ideale Lektüre in
dieser Situation sind Kindermärchen, bloß keine echte Literatur,
denn die hätschelt nicht.

Am Strand lesen

Ihn habe ich mit an den Strand genommen, diesen Schriftsteller, den ich anbete, und dafür einen anderen, den ich nur bewundere, zurückgelassen. Jedes Mal, wenn ich ein Buch von Stendhal aufschlage, kann ich kaum stillsitzen vor Begeisterung, lächele amüsiert, möchte ihn umarmen. Und jedes Mal, wenn ich ein Buch von Flaubert aufschlage, legt sich sein Nihilismus schwer auf meine Schultern wie eine zähe, dunkle Masse. Sicher, er hat diese große Rechtschaffenheit. Ja, ja. Es gibt Bücher, die man liebt, ohne ihre Autoren zu lieben, und Bücher, die man nicht nur liebt, sondern darüber hinaus in den Autor verliebt ist. Man spürt eine Verwandtschaft zu diesem aufrichtigen Mann, dem jede Attitüde fremd war. Deshalb haben Schriftsteller wie Stendhal posthum fieberhafte biographische Recherchen ausgelöst. Man wollte in seinem Leben noch mehr Gründe finden, ihn zu lieben. Bei anderen Autoren stehen die Recherchen eher im Zeichen der Ironie. Ich meine die unaufrichtigen Schriftsteller und Blender, die natürlich durchaus Talent haben können. Chateaubriand beispielsweise ist bewundernswert, aber so eitel, dass ich eher den Wunsch verspüre, nach Gründen zu suchen, ihm seine Dekorationen wieder von der Brust zu reißen.

Ich lese eine Passage von Stendhal, die folgendermaßen beginnt: »Eine unserer Reisegefährtinnen, die Mozart versteht, sagte mir heute Abend …« Ich bete ihn an. Welch ein Satz, welch ein Feingefühl! Etwas angetrunken drücke ich einen Kuss auf den Einband von *Römische Spaziergänge*. Leicht beschwipst an einem südamerikanischen Strand zu liegen, wo man sich gegen 17 Uhr einen eisgekühlten Caipiroska hat reichen lassen, ist etwas, das man durchaus ertragen kann. Außerdem gefiel mir die Vorstellung, den schönsten Archipel der Welt verschmäht zu haben und nicht nach Los Roques gefahren zu sein. Was für ein Idee, um 5 Uhr morgens aufzustehen und in ein kleines Flugzeug zu steigen,

nur um an einem besonders schönen Strand zu baden! Da haue ich
sie doch lieber auf den Kopf, die 1.690 Bolivar, zahlbar im Voraus
und zum offiziellen Wechselkurz von 2,15 $! Wenn ich sterbe, sitze
ich eh auf dem Trockenen, und zwar in jeder Hinsicht.

Ich bete ihn an. Ich bete ihn an, er regt mich auf. Er regt mich
auf, ich bete ihn an. Das versteht kein Mensch. Aus Liebe zur Lüge
wollen die Leute, dass man immerzu vor dem Objekt seiner Leidenschaft niederkniet. Das Ärgerliche an ihm ist seine politische
Voreingenommenheit, wenn er etwa den schlechten Romancier
Pigault-Lebrun überschwänglich lobt, bloß weil der zum linken
Lager gehört. Wäre dem nicht so, hätte Stendhal nur Spott für ihn
übrig. Aber so war er eben, und letztlich ist dieser Charakterzug
ein ebenso unveränderliches Kennzeichen für Stendhal wie sein
einer Meter siebzig – er war doch einen Meter siebzig groß? Hatte
einen viereckigen Kopf. Nein, einen kugelrunden. Und er war hei-
ter, mit einem Anflug von Bissigkeit. Heitere Bücher gibt es nicht
viele. Deshalb sollten wir sie genauso in Ehren halten wie alle anderen großen Schätze dieser Welt. Immer dieses Jammern, dieses
Nörgeln, diese Verbitterung, dachte ich bei mir, als ich durch den
Buchladen ging, in dem ich an den Namen vieler guter Schriftsteller vorbeikam, guter, aber deprimierender Schriftsteller, die
sich permanent über dieses beschweren oder gegen jenes anbellen!
Erst beim Buchstaben S der KlassikerAbteilung konnte ich endlich
wieder durchatmen. Wir verdanken Stendhal so viel.

Ah, diese Kunst der Verknappung! Diese höfliche Intelligenz!
Er demütigt uns nicht mit ausschweifenden Erklärungen! ... Oha,
ich habe den Rand der Buchseite mit Sonnencreme bekleckert.
Ich zeichne die Konturen dieser elfenbeinfarbenen Pfütze nach,
wodurch sie Ähnlichkeit mit der Insel mir gegenüber bekommt.
Und so wird der Cremefleck – erst ungewollt, dann spielerisch
gewollt – zum Echo meiner Lektüre. Lesen entfremdet uns dem
Leben, was man mir oft genug vorwirft, aber es kann auch dazu
führen, dass wir es bestaunen. Man blickt von seinem Buch auf

und findet sich verblüfft in der Gegenwart wieder. An einem Strand in Venezuela. Ein Austernhändler kommt vorbei, er preist seine Ware an, die er in einem blauen Plastikeimer mit sich herumträgt. Er kniet in der Brandung nieder, um das Wasser in seinem Eimer zu erneuern, gleich neben einem kleinen Jungen, der langsam aufs Meer zugeht, achtsam wie eine Katze, während ein anderer mit langen Sätzen darauf zustürmt. Aha. Das ist also das Leben. Es sieht nett aus, so von Weitem. Aber wenden wir uns wieder den Wörtern zu. Ohne zu zögern, springe ich hinein, und beim Eintauchen in die Druckfarbe verschlägt es mir für einen Moment den Atem. Erst nach ein paar Schwimmstößen habe ich mich daran gewöhnt. Und es dauert nicht lange, da kommt wieder eine Stelle, die mir ein lautes »Ich bete ihn an!« entlockt. Stendhal mokiert sich über die Päpste, die früher aus Angst vor Skandalen begonnen hätten, nur noch Dummköpfe von hoher Geburt ins Heilige Kardinalskollegium zu berufen. Und fügt hinzu, inzwischen habe sich alles wieder zum Besten gewandelt. In seinem Vorwort zu dem Roman *Lucien Leuwen* beschreibt Paul Valéry Stendhals Wut auf alles Ehrwürdige. Ihretwegen sind wir so vernarrt in ihn. (Apropos Paul Valéry: Sein Stil ist mitunter von einer so delikaten Archaik, dass halbgebildete Leser bei manchen Wendungen glauben, es handele sich um fehlerhaftes Französisch. Daran erkennt man den feinsinnigen Schriftsteller.)

Im sogenannten »Serge André«-Exemplar der *Römischen Spaziergänge* hat man, wie ich aus einer Fußnote erfahre, eine Anmerkung von Stendhal gefunden: »Vorsicht.« Er hielt sich also selbst für vorsichtig! Dieser Ausrutscher (diese Leidenschaft) hat etwas Anrührendes. Liebt man einen Schriftsteller, dann liebt man alles, was von ihm erhalten ist – nicht nur seine Meisterwerke, sondern auch seine Einkaufszettel.

Von Buchhandlungen und Glühwürmchen

Leute, die nicht lesen, kennen die leidenschaftliche Erregung nicht, von der man in einer Buchhandlung erfasst werden kann. Sie können sich nicht vorstellen, dass ein so ruhiger Laden, in dem jeder für sich ist – Verkäufer wie Kunden – etwas anderes sein soll als langweilig. Umso besser, dann merken sie auch nicht, wie sehr man an diesem Ort ihre Wichtigkeit untergräbt. In Buchläden begreift man, warum die Könige einst dem Buchdruck so feindselig gegenüberstanden. Man stelle sich bloß vor: All diese Untertanen, die ganz für sich allein – und trotzdem im Zwiegespräch mit einem anderen – ohne jede Kontrolle *nachdenken!* Diese Kunden, die so ruhig wirken und so scheinbar träge und selbstvergessen Blatt für Blatt vertilgen, sind leidenschaftliche Energiebündel, in deren Inneren es brodelt, lodert und gärt.

Mir hat eine Buchhandlung das Leben gerettet. Man glaubt immer, alles Licht käme von oben: Doch als ich die Treppe hinab stieg in die Literaturabteilung von Castela, der damals besten Buchhandlung von Toulouse, ging ich der Sonne entgegen. Dort fand ich all diese friedlich versammelten Bücher. So viel Talent für 10 Francs das Stück! Talent, was sage ich? Ich fand dort mein Paradies, immer wieder oder zumindest fast jedes Mal. Ich würde es niemals bis in die letzten Winkel erkunden können, geschweige denn einen Platz darin einnehmen. Ja, ich hatte mein Himmelreich gefunden. Und anstatt Zivilrechtsseminare zu besuchen, tummelte ich mich dort wie ein verliebter Page unter den Fenstern seiner Angebeteten. Meiner Leidenschaft fiel auch die Buchhändlerin zum Opfer, ihr Vorname war Régine, daran erinnere ich mich, hallo, Régine, falls Sie mein Buch lesen, ich habe Sie damals angebetet. Sie waren sehr geduldig mit dem jungen Mann, der ich damals war. Womit ich Ihnen damals in den Ohren lag, war nichts anderes als meine Leidenschaft: Die Bücher, die ich gelesen hatte, und dieses und jenes und überhaupt, und Sie gaben mir freundlich Antwort, und ich hörte nicht auf, Sie mit meinen Vorträgen, Einwänden und Fragen zu belästigen. Wenn ich mich schließlich dazu bequemte, die Uni aufzusuchen, hatte ich immer ein Buch dabei, das ich heimlich auf meinen Knien lesen würde, wie früher in der Messe und später in dem Unternehmen, in dem ich arbeiten und einer noch stupideren Messe würde lauschen müssen, die dort ebenfalls unter dem Begriff »Seminar« firmierte. An all den seriösen Orten meines Lebens tat ich etwas noch Seriöseres: Ich las.

Nichts in Paris hat mir jemals mehr geschmeichelt als der Moment, in dem zum ersten Mal ein Buch von mir im Schaufenster der Buchhandlung La Hune auslag. Das ist der Ritterschlag von Saint-Germain-des-Prés. Oder meine erste Lesung in der Buchhandlung Les Cahiers de Colette, bei Colette Kerber, Rue Rambuteau. Oder … aber das hier ist ja keine Werbeveranstaltung, und ich würde vermutlich kein Ende finden, wenn ich alle guten Buchläden aufzählen wollte, die das Leben in Paris noch immer erträglich machen. Eine Stadt, in der es so viele Buchhandlungen und demzufolge so viele Leser gibt, ist kein ganz unwirtlicher Ort.

An Buchhandlungen gehe ich grundsätzlich nicht vorbei, ganz egal, wo ich bin, selbst in Ländern, deren Sprache ich nicht spreche. Buchhandlungen geben einen Hinweis auf den intellektuellen, emotionalen und ästhetischen Status quo eines Ortes. Oder zumindest der ansässigen Minderheit, aber oft genug setzen sich ja auch Minderheiten durch, sei es, indem sie regieren (denn erfolgreiches Regieren in Demokratien ist häufig ein Walten gegen Volkes Wille), sei es, indem sie protestieren (und wie gefährlich die Lockrufe der Opposition sind, das wissen besagte Regierungen nur zu gut). Auch den Geschmack einer Nation und die Bedeutung, die sie dem Komfort beimisst, erkennt man an der Ausstattung ihrer Bücher und somit in der Buchhandlung. Man denke an die strenge Eleganz der Bücher in Deutschland, denen immer etwas von Messbüchern anhaftet … Oder die

Hardcover-Bücher aus England und Amerika, die wie Chester-field-Sofas anmuten, besonders im Vergleich zu den Taschen-büchern, die ebenso teuer wie kurzlebig sind und nur auf den nächsten *garage sale* zu warten scheinen, bei dem sie zerknautscht wie Akkordeons für 50 Pence das Stück verramscht werden ... In Diktaturen sind auch die Buchhandlungen eindimensionaler. In den kommunistischen Ländern Europas zu Zeiten der UdSSR führten die in den Schaufenstern ausgestellten Gesamtwerke von Lenin oder dem jeweiligen Lokal-Tyrannen dem Passanten die bleierne Last der Einschüchterung vor Augen und die Dummheit der Heuchelei. Derweil standen in den Verkaufsräumen dieser Läden die Übersetzungen französischer Akademie-Mitglieder des ausgehenden Jahrhunderts herum wie vergessene Tassen voll kalt gewordenem Tee. Das waren die Bücher, die jene Diktatoren im Gefängnis gelesen hatten – zur Zeit der Regime, deren Sturz sie später zu verantworten hatten. Der Einfluss lauwarmen Wassers auf Gewaltherrscher ist etwas Sonderbares.

Die Buchhandlung Gotham, die nur dank des Rufes ihrer frü-heren Dichter- und Beatniks-Klientel überlebt (wobei ich mich bei den Beatniks frage, ob wirklich viele von ihnen hingegangen sind, die haben doch außer den Upanishaden ohnehin nichts gelesen), konnte ich noch nie leiden. Ihr schlechtes Sortiment verkauft sie teuer. Allerdings habe ich dort mein erstes Exemplar von *Zuleika Dobson*, dem Oxford-Roman von Max Beehrbom (1911), erstanden. Auch das Geschäft Three Lives and Company ist nur noch mittel-mäßig, fast wie eine Buchhandlung in Ostdeutschland. Man führt dort nur noch wenig Bücher und noch weniger gute Bücher. Es befindet sich im einzigen unübersichtlichen Teil von Manhattan, im Village, dessen Gassen verwinkelter sind als die in Istanbul. Der Oscar Wilde Bookshop hat zugemacht, genauso der Laden am University Place und etliche andere ... Die Buchhandlungen von New York sind wie Glühwürmchen, deren Lichter eins nach dem anderen erlöschen.

In Madrid gibt es viele Buchläden, vergnüglich sind sie nicht, aber auch nicht so traurig wie die in Rom. Molina ist eine rechtsextreme und extrem unangenehme Buchhandlung, was einem schon vor dem Schaufenster schwant. »Meinen Sie? Die sind halt auf Militaria spezialisiert«, entgegnet mir eine naive Freundin, die ich auf der Stelle aus dem Laden bugsiere.

Unangenehme Pendants gibt es auch im linken Lager. Gemeinsam ist ihnen das Ressentiment, das die Bücher verbreiten – selbst wenn es nur ein paar Exemplare sind –, die dem jeweiligen Buchhändler am wichtigsten sind und die deshalb gut platziert sind. Auch bei den Linken herrscht dieselbe hinterhältige Arroganz, dieselbe Gewissheit, dass nur die eigenen Ansichten stichhaltig sind, und wo im rechten Lager die Biographien der wichtigsten reaktionären Zeitgenossen stehen oder Neuauflagen von sogenannten »Verfemten«, die einfach nur Dreckskerle waren, finden sich hier globalisierungskritische Pamphlete, die ihren Käufern suggerieren, sie seien nett, oder Krimis, in denen soziale Ressentiments bedient werden, und was sonstige Hassgefühle betrifft, so äußern sie sich in den Büchern, *die durch Abwesenheit glänzen*.

Wegen *Tim und Struppi im Kongo* wirft man Hergé vor, rechtsextrem zu sein, aber seltsamerweise ist man ihm nicht dankbar dafür, die in *König Ottokars Zepter* beschriebenen revolutionären Umtriebe von rechtsextremer Seite aufgezeigt zu haben. Das hat er getan, obwohl er tatsächlich eine rechtsextreme Gesinnung hatte, weil er vor allem Künstler und Journalist war: Das höhere Interesse seines Werkes, seiner Reportage hatte Vorrang vor seinen persönlichen Meinungen. 2007 nahm die Buchhandelskette Borders, eine der erbärmlichsten von ganz England, *Tim und Struppi im Kongo* aus dem Sortiment. Ein bemerkenswerter Akt der Zensur, begangen von Händlern, nicht einmal Produzenten, und schon gar nicht von Politikern. Kaufen wir keine Bücher mehr bei Borders! Diese Leute sind derartig dumm und so lausige Buchhändler, dass man Céline ganz selbstverständlich in ihren Regalen finden würde.

In Book Soup, der besten Buchhandlung von Los Angeles (Sunset Boulevard / Larrabee Street), die es allerdings nicht einmal mit einem guten Buchladen in Brest aufnehmen kann, sucht die freundliche Kassiererin im Computer nach dem Autor von *Winesburg, Ohio*, dessen Name mir just entfallen ist: »Anderson ... Sherwood ... *Is it new?*« – Ist das neu? Es ist einer der großen Romane des Jahrhunderts (1919), für die man in Amerika die Bezeichnung »moderner Klassiker« erfunden hat.

In Paris gibt es Stadtteil-Buchläden, die genauso gut Schuhe verkaufen könnten. In einem fragt eine Kundin nach einem Buch. »Wie bitte?«, erwidert die Buchhändlerin, eine kräftige Blondine. »Ich schaue mal nach. Wie sagten Sie? ... Kann ich nicht finden. Komisch. Ich geb's nochmal ein. O, b, i, t. Nein, das gibt es nicht. Ich suche mal unter dem Autor. Wie sagten Sie? ... Ah! Tolkiem. Nein, da finde ich auch nichts.« Zögernd verzichtet die Kundin darauf, den Namen Tolkien richtig zu wiederholen oder den Buchtitel, weil auch sie sich nicht mehr ganz sicher ist, wie *Der kleine Hobbit* heißt. Sie fragt einfach nach einem anderen Buch. Die Buchhändlerin, die auch diesen Weltbestseller nicht kennt, sucht eine halbe Ewigkeit. »Ich versuch's mal anders ... C, r, i, s, h, t, o, n ... Nichts.« Ich ringe mich dazu durch einzugreifen: »Es ist kein s, sondern ein c.« Sofort empört sich die Walküre und nimmt mich unter Beschuss: »Den muss man nun wirklich nicht kennen. Es gibt schließlich unzählige Schriftsteller. Und ich hab hier weiß Gott noch genug anderen Kram zu erledigen.«

Ein guter Buchhändler ist einer, der die Literatur kennt, so einfach ist das. Tim vom Village Voice in Paris, der *Das ruhelose Grab* von Cyril Connolly (*The Unquiet Grave*, 1944) gelesen hat, bestellt bei dem kleinen Verlag in New York, der das Buch neu aufgelegt hat, fünf Exemplare und legte sie auf seine Ladentheke. Er weiß, dass sie bei seiner literarisch gebildeten Kundschaft Neugier wecken oder schöne Erinnerungen wachrufen werden und sich deshalb verkaufen. Ein schlechter Buchhändler, auch das ist einfach, ist ein Angestellter einer Kette, den ich nach der Zeitschrift Étu des frage. »Die Revue …?« Er sucht im Computer – das steht bei den Geschichtsbüchern. Kurz darauf in der Abteilung Geschichte: »Die Revue …?« Die Verkäuferin sieht unter einem Tisch nach und hält mir die *Revue d'études palestiniennes* hin, eine Zeitschrift für Palästina-Studien. Ah, nein, Mademoiselle, ich glaube nicht, dass es das ist. Der nochmals befragte Computer verrät ihr schließlich, dass die Buchhandelskette diese Revue nicht im Sortiment hat. Und das war's. Nicht einmal ein Anflug von Erstaunen. In den Augen dieser jungen Frau habe ich offensichtlich nach einer belanglosen Zeitschrift gefragt, nichts von Bedeutung. Darin liegt der Schrecken der Unwissenheit: Sie wird sich des Ernstes ihrer Lage nicht bewusst. Wenn ich ihr erklärt hätte, dass es sich um eine Publikation der Jesuiten handelt, dass es sie seit hundertfünfzig Jahren gibt und dass sie sehr einflussreich war, hätte mich diese Frau für einen Exzentriker gehalten. Das ist das Schlimmste daran. Es ist ein Merkmal barbarischer Zeiten, dass sich die Unwissenheit nicht mehr schämt.

Weil ich Dinge, die mir keine Freude machen, immer noch nicht leiden kann, werde ich also den guten, unabhängigen Buchhandlungen treu bleiben, in denen vielleicht just in diesem Moment ein Leser, der in meinem Buch blättert, über diese Zeilen stolpert. Er wird es, so hoffe ich, verkraften und mit mir zur Melodie von »Hare Krishna« eine »Ode an die gute Buchhandlung« anstimmen. Es gibt in Frankreich derer vielleicht hundert, und sie sind es, die sich mit Hilfe der Buchpreisbindung gegen die Kommerzialisierung der Welt stemmen. Sie bringen Literatur in Umlauf und verschaffen ihr Anerkennung.

Lesen, um Bücher zu präsentieren

Welcher Franzose hatte eigentlich die Idee, die englischen *Coffee Table Books* als *Beaux Livres* zu übersetzen? Ich glaube, man bezeichnet diese Bücher nur als schön, weil sie teuer sind. Das Schöne, ein aleatorischer, wenn nicht absurder Begriff, wird benutzt, um unsere Leidenschaften zu rechtfertigen, etwa die des Geldausgebens. »Schön« nennen wir auch das, was uns sexuell erregt. Das Gehirn flüstert den entflammten Herzen und den sich leerenden Portemonnaies zu: »Wie schön!«

Idealerweise wäre ein schönes Buch auch ein gutes. Das beste Buch, geschrieben von einem liebenswürdigen Genie, wäre insofern auch das schönste. Wäre dem so, begnügten sich unsere Couchtische damit, kleinen Bänden aus grobem Papier, verfasst von wichtigen Schriftstellern, als Ablage zu dienen, anstatt sich mit Backsteinen in Vierfarbendruck auf fettem Papier von 150g pro Quadratmeter Geltung zu verschaffen. Auf meinen Couchtischen prangten eine Zeitlang die Werke von Lu Xun, und zwar die Ausgaben der Kommunistischen Partei Chinas aus einer Zeit, als die Kommunistische Partei Chinas so tat, als glaube sie an die Literatur: gräuliches Papier, ungleichmäßiges Druckbild, behelfsmäßige Einbände. Derzeit lege ich auch gern eine der gelben oder rosa Ausgaben der Buchreihe *Collection des Universités de France* darauf ab: zweisprachige Editionen, griechisch-französisch oder lateinischfranzösisch, mit einem kritischen Apparat, dessen Genauigkeit die von Hercule Poirot bei Weitem übertrifft. Die Autoren sind Euripides, Plutarch oder Ovid. Vor vierzig Jahren publizierte übrigens der Verlag Les Belles Lettres seine Bücher – man mag es kaum glauben – ohne den Verlagsnamen zu nennen: Auf dem Umschlag meines Exemplars von Suetons Abhandlung über das Schimpfen stehen nur der Titel des Buchs und der Name des Autors. In meinen Augen ist das ideal, faszinierend und heutzutage ein Ding der Unmöglichkeit. Wer würde so etwas tun in einer Welt, in der sich T-Shirts mit dem Aufdruck »J'adore Dior« verkaufen?

Unter einem *Coffee Table Book* versteht man ein Textbuch mit Bildern. Oder ein Bilderbuch mit Text. Ein Bilderbuch trotz Textes, würden die Nörgler sagen. Wir leben im Zeitalter der Bilder, mecker, mecker! Bilder sind schon etwas Gutes. Wenn man sie ernst nimmt. Und schließlich arbeitet auch die Literatur mit Bildern. *Coffee Table Books* vertrauen jedoch so wenig auf das Bild, dass man zu ihrer Legitimation Texte hinzuzieht. Und manchmal trägt das Geschriebene dabei den Sieg davon, wird neu aufgelegt, allein, ohne die Bilder. So ist es Paul Morand ergangen, der beim Verlag Bibliothèque des Arts einen guten Paris-Band herausgebracht hatte. Seine Text war ein Kommentar zu Fotografien, auf denen einen türkisblauer Himmel zu sehen war und Blumenrabatten in sattem Rot. Schließlich wurde das Buch ohne die Fotos nachgedruckt: Sie hatten sich als rein illustrativ entpuppt. Das Zusammenführen von Text und Fotografie gelingt nur dann, wenn die Fotografien keine Illustrationen und die Texte keine Kommentare sind. Sie sollten getrennt miteinander existieren, wie der Strand und das Meer.

Manchmal wendet sich ein Verleger an einen jungen Fotografen. Dessen Bilder werden dem Text eines bekannten Schriftstellers gegenübergestellt. Es zeigt sich, dass der Fotograf sehr gut ist und schließlich genauso bekannt wird wie der Schriftsteller. Jahre später, wenn der Text des Schriftstellers nur noch in einer Neuausgabe ohne Fotografien lieferbar ist, wird der ursprüngliche Bildband sehr begehrt: 300 Euro muss man mindestens ausgeben für eine Originalausgabe der *Observations* von Truman Capote (1959), mit den Bildern eines damals zum ersten Mal öffentlich wahrgenommenen Fotografen, Richard Avedon.

Gerade die dicksten unter den Bildbänden hinterlassen selten eine Spur. Das liegt weder an den Schriftstellern noch an den Fotografen oder Malern, die genauso gewissenhaft daran arbeiten wie an ihren Künstlerbüchern oder ihren Ausstellungen. Nein, es liegt an den Lesern. Sie blättern darin nur herum, anstatt die Bücher richtig zu lesen. Und vielleicht ist das auch besser so. Wahrscheinlich würden sie einen ästhetischen Schock mit tödlichem Ausgang erleiden, wenn sie das Fernsehen kurz unterbrächen, um über den Beistelltisch gebeugt ernsthaft in einem schönen und klugen Werk zu lesen.

Spielend leicht lesen

Warum liest man ein Buch weiter? Das Weiterlesen ist eine der unheilvollen Begleiterscheinungen des Hoffens. Aber ein schlechtes Buch wird niemals gut.

Um das Verständnis eines Gedichtes von Mallarmé zu ringen, ist etwas völlig anderes. Im ersten Fall kämpft man gegen das Buch, im zweiten kämpft man gegen sich selbst, gegen die Gewohnheit, eine bestimmte Form von Sätzen zu lesen. Diese Gewohnheit ist nicht nur durch das konditioniert, was man üblicherweise liest, sondern auch durch die französische Sprachideologie, die man uns in der Schule eintrichtert: Ihr zufolge gibt es nur eine Form der perfekten Satzbildung, nur ein Ideal unserer Sprache, die ganze Welt beneide uns um diese Regeln. Nur hat die Welt in den zweihundert Jahren, die man uns damit schon in den Ohren liegt, seltsamerweise nicht eine einzige Regel übernommen. Ein Freund aus Oxford machte mich darauf aufmerksam, dass Antoine de Rivarol, Chefideologe des französischen Sprachideals, erstaunlich viele Appositionen verwendet, während er die bewundernswerte Logik der französischen Sprache verteidigt, einer Sprache die wie ein Spiegel allen Denkens sei und deshalb in in ihrem Aufbau ein logisches Nacheinander von Subjekt, Verb und Objekt erfordere. Offenbar beherzigt also doch nicht jedes Räsonnement die Logik einer systematischen Abfolge von Subjekt, Verb und Objekt. Es ist dieser als Universalismus verkleidete Nationalismus, der bei den Franzosen eine Abwehrhaltung gegen jeden unerwarteten Satztypus erzeugt; diesen Satztypus nennen sie übrigens Hermetismus. Sie sind genauso wie der Drehbuchautor, der die eigene Unfähigkeit, aus Albert Cohens Roman ein Drehbuch zu machen, dem Autor ankreidete.

Ich lese, also spiele ich.

Über die Buchseiten hinaus lesen

Ein Meisterwerk steht nur für sich selbst. Um es zu schreiben, ist der Schriftsteller derart über sich hinaus gewachsen, dass es in gewisser Weise von einem anderen geschrieben wurde. Einem anderen, der reifer ist, verrückter und überbordend vor Leidenschaft. Nur in den ganz kleinen, nebensächlichen Dingen erkennen wir die Persönlichkeit eines Schriftstellers. In einem Verkaufskatalog für Handschriften (Piasa, November 2007) befand sich ein Brief von Valery Larbaud, der aus Brüssel an Léon-Paul Fargue schrieb: »Habe die Avenue Louise und das Hinterteil einer Rose gesehen.« Das brachte ihm konkret nichts ein, nur die Freude, es zu schreiben. Die Großzügigkeit eines Schriftstellers bemisst sich daran, wie viel Talent er jenseits seiner Bücher zu erkennen gibt.

Lesen, wenn man Schriftsteller ist

Zur Leidenschaft gewordenes Lesen führt manchmal zum Schreiben. Man liest und liest und liest, und daraus ergibt sich fast automatisch, dass man schreibt und schreibt und schreibt. Leute, die schreiben, tun dies, weil sie gelesen haben. Ist Literatur also Nachahmung? Gesellschaften, die nicht lesen, schreiben nicht. Ah, Kirgisien! So bald kriegt mich da niemand mehr hin.

Oder ist es umgekehrt? Ist der Schriftsteller des Lesers Voraussetzung?

Eines Tages hatte ein Verrückter das Bedürfnis, etwas zu schreiben, was keinerlei Zweck erfüllte. Keinen Gesetzestext, kein Gerichtsprotokoll, keine Verwaltungsratsnotiz, keine »Genesis 1«, keine Genealogie. Nein, nein, ein vollkommen unnützer, verrückter Mensch, der sich hinsetzte und schrieb: »Ja, könnte ich mich zum Ausdruck bringen, wie sich ein Motor ausdrückt! / Vollständig wie eine Maschine! / Ins triumphierende Leben rollen wie das letzte Automobil!« – oder ein wie auch immer geartetes Pendant zur *Triumph-Ode* von Fernando Pessoa, nur eben aus den Jahren 1000 oder 5000 vor Christi Geburt.

Schriftsteller leiden als Kinder unter einer Lesegier, die dem Liebeshunger verwandt ist, dieser Lust, mit der man ein hübsches, lachendes Baby »zum Fressen gern hat«.

Wenn man in jungen Jahren viel liest, sollte man Schriftsteller werden. Glückt dies nicht, wird aus dem Büchernarr ein verhinderter Schriftsteller. Mit der Zeit vergisst er das, er liest weiter, und wenn ihm das ohne Verbitterung gelingt, ist alles gut. Ich habe sehr viel weniger Büchernarren kennengelernt, die daran verbittert sind, nie geschrieben zu haben, als unbedeutende Schriftsteller, die daran verbittert sind, nicht gelesen worden zu sein.

In ihren Lehrjahren lesen Schriftsteller, manchmal ohne es zu merken, ungewöhnlich viel. Dabei lernen sie nicht aus nichtigen Büchern. Die sind genauso undurchsichtig wie Meisterwerke. Sie sind nichtig, und in der Nichtigkeit liegt noch nicht einmal ein schlechtes Beispiel, es liegt gar nichts darin. Nur am Schlechten kann man versuchen, die Ursachen des Scheiterns zu ergründen. Bedeutenden Büchern, an denen alles perfekt ist (vorausgesetzt, so etwas gibt es), merkt man nicht mehr an, was der Autor gestrichen oder hinzugefügt hat, denn es ist eben alles perfekt. Insofern taugt weder das Bedeutende, noch das Nichtige zum Lernen.

Ein unnachgiebiger Leser begreift schnell, wie nützlich es ist, mehrere Bücher desselben Schriftstellers nacheinander zu lesen. Wenn dieser schreiben kann – das heißt sein Rohmaterial modellieren –, gibt er seine charakteristischen Eigenschaften nur peu à peu preis.

Wenn man schließlich Schriftsteller geworden ist, kann es vorkommen, dass man liest, um nicht zu schreiben. Alles ist besser als diese Gefängnisstrafe, zu der man sich selbst verurteilt, ein Jahr, zwei, fünf, zehn Jahre, um ein Buch zu Ende zu schreiben! Die anderen haben bewiesenermaßen Talent, warum soll ich mich also mit meinem herumärgern?

Ist ein Schriftsteller am Werk, kann ihm die Lektüre eines anderen Buches dabei helfen, eine Schreibblockade zu lösen. Dabei muss zwischen seinem und dem anderen Werk nicht unbedingt eine Verwandtschaft bestehen. Es mag Sie überraschen, aber der Grund für die Affinität eines Schriftstellers zu einem anderen liegt häufig zwischen den Zeilen begründet. In dem, was *nicht* in einem Buch enthalten ist, von dem wir jedoch ahnen, dass es darin enthalten sein *könnte*. Wenn nun das Buch eines anderen den Weg für unser eigenes freigemacht hat, müssen wir rasch zur Tat schreiten. Sonst greifen wir zur nächsten, genauso verlockenden Lektüre, denn auch darin finden wir uns partiell wieder, und schreiben immer noch nicht. Schreiben ist literarisch gestaltete Isolation.

Wenn der Schriftsteller nicht schreibt, verfällt er gelegentlich in passioniertes Lesen. Zurückgezogen und asozial mutiert er zum Monster mit fremder Stimme. Nun da er seinen eigenen Roman beendet hat, macht er sich gierig über die Schöpfungen der anderen her.

Ich kenne jemanden, der sehr intelligent ist, sehr kultiviert, sehr ich weiß nicht was; aber wenn er schreibt: Katastrophe. Dass er nicht schreiben kann, liegt wohl daran, dass er nicht lesen kann. In Romanen sieht er bloß das Sujet, in Gedichten die Form, in Theaterstücken nur Rede und Gegenrede, also immer nur das Vordergründige, Offensichtliche. Und was ist mit dem eigentlichen Sujet, dem Geist? Was ist mit dem, was jenseits rhetorischer Formen liegt, jenseits von Sonett, Chiasmus oder unzuverlässigem Erzählen, nämlich dem tieferen Grund für die formale Gestaltung der Sätze? Auch beim Tanz ist nicht alles Choreographie.

Man kann Proust verehren und schreiben wie der Marquis de Norpois. Aber ist das dann wirkliche Verehrung? Kann ein echter Leser, ein feinsinniger und so weiter, wirklich schlecht schreiben?

Und was heißt das eigentlich, schlecht zu schreiben?

Leser stellen Schriftstellern gegenüber oftmals deren Sujet in Frage. »Sie haben einen Gedichtband mit dem Titel *Die Schwimmer* geschrieben, warum nicht *Die Schwimmerinnen*?«, wurde ich einmal gefragt. Faszinierend. Ich fand die Frage faszinierend. Niemand hat Cézanne beim Betrachten eines seiner Stillleben mit Äpfeln jemals die Frage gestellt: »Warum haben Sie keine Birnen gemalt?« Niemand hat Fellini jemals gefragt: »Sie zeigen Frauen mit dicken Brüsten, warum zeigen Sie keine Männer mit dicken Penissen?« Niemand hat Schostakowitsch jemals gefragt: »Sie haben eine Symphonie komponiert, warum keine Sonate?«

Ich denke nicht, dass es sich dabei um eine besondere Feindseligkeit gegenüber Schriftstellern handelt. Es ist wohl eher eine Art und Weise, wie wohlmeinende, plumpe Menschen die Literatur mitunter ergründen, sie also lieben.

Liebe kann lästig sein.

Vorlesen

a. Was andere geschrieben haben

a.1. Bedauerliche Fehler

Seit 1993 filmt Véronique Aubouy Menschen, die in steter Folge, jeweils sechs Minuten lang, den Romanzyklus *Auf der Suche nach der verlorenen Zeit* vorlesen. Es sind bekannte und unbekannte Menschen, junge und alte, Proust-Liebhaber, Leute, die noch nie etwas von ihm gelesen haben und viele andere. Dieses Projekt zeigt einmal mehr, dass aus Quantität, so schlecht ihr Ruf auch sein mag, Qualität hervorgehen kann. Über die simple Proust-Lesung hinaus entstehen hier Leser-Porträts. Jeder inszeniert sich selbst. Der eine spielt schlecht, der andere deklamiert formvollendet. Die eine stottert, die andere leiert herunter. Indirekt entsteht auch ein Porträt der Filmemacherin: Sie hat die Leser ausgesucht. Ihre Mutter ist dabei, ihre Freunde oder Menschen wie ich, die sie vor zehn Jahren gebeten hat, mitzumachen und die es zehn Jahre später tatsächlich tun. Das Projekt *Proust lu* wird sich bis ins Jahr 2050 fortsetzen. Gerade das macht es so bizarr: Viele von uns beteiligen sich an einem Werk im Wissen, dass sie seine Vollendung wahrscheinlich nicht mehr erleben werden. Wird Véronique Aubouy es überhaupt selbst zu Ende führen können? Eine Frage wie in der *Suche nach der verlorenen Zeit*, in der Prousts Erzähler darüber nachdenkt, ob er eines Tages seinen Roman schreiben wird.

Proust lu ist letztlich auch ein Porträt der französischen Gesellschaft: Als die Aufnahme meiner Lesung in den Räumen eines Fliesen-Designers, Boulevard Saint-Germain, gerade beendet ist, kommt ein Mann herein, jung, gutaussehend, ein bisschen schüchtern. Er wartet. Wir verweisen ihn an den Verantwortlichen. »Ich habe mitbekommen, dass Sie über Proust sprechen«, sagt er. »Ich bin Florist, Spezialgebiet Cattleya-Orchideen.« Die Bedeutung der Cattleyas in der Beziehung zwischen Odette und Swann ist hinreichend bekannt. Die französische Gesellschaft ist in geradezu verblüffender Weise von Proust durchdrungen. Hätte er selbst damit gerechnet, dass fast hundert Jahre nach der strapaziösen Veröffentlichung des ersten Bandes seines Romanzyklus ganz Frankreich seinen Namen kennen würde, ja sogar dieser junge Blumenhändler, der zum nächsten Teilnehmer des *Proust lu*-Projektes wurde? Im heutigen Frankreich, wo die Regierung gewagt hat, ein Ministerium für nationale Identität zu gründen, gibt dieser junge Mann, dessen Laden sich im 17. Arrondissement von Paris befindet, unweit der Gegend, in der Proust als Kind gelebt hat, wie auch der Florist Lachaume, bei dem Proust später Schulden gemacht hat, gibt also dieser junge Mann die einzig vernünftige Antwort: Integration durch Elitenbildung. Ich würde sogar sagen: durch Ästhetik. Proustianer aller Länder, vereinigt euch! Die Zeit der Proust'schen Madeleine wird kommen! Um kundzutun, dass Literatur unsere Herkunft transzendiert, werde ich mit dem Namen Marcel Proust und seiner nationalen Identität (auf deren Ausprägung die jüdische Mutter durchaus Einfluss gehabt haben wird) in Zukunft auch den Namen dieses Floristen assoziieren, Sohn kabylischer Eltern, Karim Mazef.

Während der Lesung meiner Proust-Passage ist mir ein Fehler unterlaufen, als ich dem Wort »Leute« ergänzend »von Welt« hinzufügte: »Leute von Welt«. Vermutlich hatte ich mich vom Rhythmus mitreißen lassen, den ich vor dem Hintergrund meiner Proust-Kenntnisse für diese Lektüre gewählt hatte. Der Rhythmus des Lesers deckt sich nie ganz mit dem des Autors, weil jeder Leser seiner persönlichen Interpretation folgt, die immer auch innere Einwände beinhaltet. An der genannten Stelle drohte nun mein Leserhythmus durch einen Ausdruck ins Stocken zu geraten, der mir wohl zu knapp erschien. »Die Leute«. Nach einer rasan ten Abfrage meines Wortschatzes und einem blitzschnellen

Gedächtnis-Check, welche Ergänzung möglichst gut zu Proust passen würde, fügte ich »von Welt« hinzu. Dabei stand mir Proust selbst zur Seite, bei dem der Ausdruck »Leute von Welt« häufig vorkommt. Mein Fehler hatte eine vernünftige, solide Basis. Nichtsdestotrotz hat dieser Zusatz in der von mir gelesenen Passage den Sinn des Proust'schen Satzes leicht verfälscht. Nicht sehr, nur ein bisschen. Aber trotzdem verfälscht. Wahrscheinlich sind zahlreiche Bücher, die wir heute lesen – zum Beispiel Theaterstücke, von denen wir nur die Mitschriften der Schauspieler kennen – durch kleine Abweichungen manipuliert worden, über die sich die Autoren entrüstet hätten.

Es gibt in der Proust-Passage eine »Madame d'Épinoy«. Ich habe mich gefragt, ob man den Namen nicht wie »d'Épinay« aussprechen sollte. Kurze Nachforschungen blieben ergebnislos, aber dann habe ich mir überlegt, dass Proust, wenn dem so wäre, mit Blick auf die Rousseau'sche Madame d'Épinay bestimmt darauf hingewiesen hätte. Weil er so ist, wie er ist, hätte er sicherlich einen unterirdischen Wortfluss von dreißig Zeilen Länge über die Herkunft dieses Namens eingefügt, der sich in Form von Bemerkungen über die Klang-Homonymie zwischen seiner Figur und Rousseaus Freundin immer wieder einen Weg an die Oberfläche gebahnt hätte. Er war geradezu versessen auf solche Missverständnisse (die sich bei ihm als fruchtbar erweisen, weil sie zu seinem im positiven Sinne ironischen Weltbild beitragen). Keiner der Vorleser, die seit 1993 an *Proust lu* beteiligt sind, hat gewusst, dass man Mme de Villeparisis in Wahrheit »Viparisis« ausspricht, obwohl der Erzähler selbst darauf hinweist. Proust ist unter den vermeintlich viel gelesenen Schriftstellern der am stümperhaftesten gelesene. Auch von mir.

a.2. Beglückende Fehler

Unser Geist, der seinen Denkgewohnheiten folgt, liest manchmal ein anderes Wort als geschrieben steht. Wie originell dieser Autor ist!, jubelt er dann. Was für eine Idee, an dieser Stelle solch ein Wort einzufügen! Was für ein erhellender Effekt! Doch plötzlich gerät unsere Lektüre ins Stocken. Nichts greift mehr ineinander. Wir müssen innehalten. Von wo an funktionierte das Ganze nicht mehr? Ja, richtig, es war dieses Wort. In Wirklichkeit hat der Schriftsteller ein anderes, sehr viel banaleres verwendet. Wir sind enttäuscht. Das Bild oder die neue Idee, die das Wort wachgeru fen hat, erscheint uns nun wie ein Zufallsprodukt, das wir nicht weiter verwenden werden, weil wir uns nicht auf den Schriftsteller berufen können.

b. Eigene Texte

b.1. Öffentliche Lesungen, insbesondere von Poesie

Ich bin kein besonderer Freund davon, meine Texte vor einem Publikum zu lesen, weil Literatur für mich etwas Stummes ist. Es ist eine Kommunikation der Stille. Auf der einen Seite das eloquente Schweigen des gelesenen Textes, auf der anderen das wohlwollende Schweigen des Lesenden. Gerade in der Poesie. Sicher, in archaischen Zeiten wurde sie öffentlich vorgetragen, sicher, es gab die Troubadoure; aber wie sagte noch Zadig, die berühmte Figur von Voltaire, als man ihm erklärte, dass der barbarische Brauch, dem er gerade beiwohnte, schon sehr alt sei: »Die Vernunft ist älter.« Auch wenn man sich zweitausend Jahre lang geirrt hat, kann man seinen Irrtum irgendwann einsehen. Es gibt nun einmal verkehrte Traditionen.

Am Vorlesen stört mich, dass unweigerlich Nuancen und Mehrdeutigkeiten verloren gehen, die Wörter und Sätze beinhalten, denn keine Stimme der Welt ist in der Lage, mehrere Dinge gleichzeitig auszudrücken. Was mich aber noch mehr stört als das Problem des Vortrags an sich, ist das Problem der Beeinflussung des im Anschluss wieder schreibenden Autors. Denn durch Lesungen lernt man sein Publikum kennen, an das man sich fortan immer richtet, statt einfach ins Leere zu schreiben. Es macht nun einmal einen Unterschied, ob wir für das Auge oder für das Ohr schreiben.

b.2 Texte, die entstanden sind, um vor einem Publikum gelesen zu werden

Das Ohr ist unaufmerksamer als das Auge. Es ist offen für alle Laute, während sich das Auge ganz auf das Zeichen vor ihm konzentriert. So gesehen ist mündliche Eloquenz geradezu das Gegenteil von schriftlicher Eloquenz. Mündliche Eloquenz ist fast immer großspurig und provokant, schriftliche Eloquenz darf trocken und elliptisch sein. Wenn man das Ohr anspricht, muss man einen kraftvollen Ton anschlagen, um die Stimmen der anderen zu übertönen. Und man muss bewusst langsamer sprechen, wenn man sich dem wichtigen Punkt nähert. Das Ohr ist zwar festgewachsen, aber dennoch flatterhaft wie ein Schmetterling. Man weiß nie genau, ob es Kausalverbindungen, die nicht explizit genannt werden, überhaupt wahrnimmt, von daher beim Sprechen das viele von daher, und deshalb das viele deshalb.

Eine Gegenüberstellung von Auge und Ohr ist wie ein Vergleich zwischen einem Radiobeitrag und einem schriftlichen Referat. Wenn Worte nun aber durch Bilder ergänzt werden wie im Fernsehen, ist wiederum das Ohr feinsinniger als das Auge, wenngleich das Auge letztlich die Oberhand gewinnt.

Einen Tag nach einer Fernsehsendung, in der ich als Plagiatsopfer aufgetreten war, sprach mich eine mir nahestehende und daher eher aufmerksame Person an: »Ich wusste gar nicht, dass du unter Plagiatsvorwurf stehst!« Das Fernsehbild hypnotisiert; man sieht mehr, als man hört. Ist er ordentlich frisiert, und was ist denn das für ein Hemd? Auf diese Weise schnappt man nur jedes fünfte oder zehnte Wort auf und keine ganzen Sätze. Aus den wenigen Wörtern werden dann Schlüsse gezogen, und die Irrtümer, die daraus entstehen, halten sich hartnäckig. Wie oft hat man mir schon Dinge unterstellt, die ich nie gesagt habe. Der Fernsehzuschauer erfasst den Sinn am wenigsten. Aber auch das Gegenüber in einem Gespräch lässt sich von der Modulation der Stimme und von Gesten bezirzen, ein sprechender Körper behauptet sich gegen einen zuhörenden. Ein (Radio)Hörer unterliegt zwar allein dem Charme der Stimme, doch auch ihm gelingt es kaum, sich zu entziehen.

Am freiesten bleibt der Leser.

Interviews lesen

Es handelt sich hierbei um eine relativ neue Bücher-Art. Zum ersten Mal wurde etwas Derartiges, wenn mich nicht alles täuscht, von Jules Huret veröffentlicht, einem französischen Journalisten des ausgehenden 19. Jahrhunderts. Für seine *Enqête sur l'évolution littéraire* (1891) hat er praktisch alle Schriftsteller seiner Zeit interviewt, von Leconte de Lisle bis zu Edmond de Goncourt, von Ernest Renan bis zu Émile Zola, von Maeterlinck bis zu Saint-Pol Roux. Einige dieser Interviews sind banal, doch die Schriftsteller, denen bewusst war, dass es einfach nur darum ging, in der zur Verfügung stehenden Zeit zu sagen, was man zu sagen hat, haben etwas Faszinierendes daraus gemacht. Seitdem werden allüberall Interview-Bücher veröffentlicht, etwa in der Reihe »Con*versation with* …« der University of Mississippi. Francis Scott Fitzgerald. Chaim Potok. Susan Sontag. William Faulkner. Für die Interview-Rubrik der *Paris Review* über »*The Art of Writing*«

wird zwar hin und wieder ein ungehobelter Klotz mit Millionenpublikum à la Stephen King eingeladen, um sich bei der breiten und jungen Öffentlichkeit anzubiedern, aber dann auch wieder Menschen, die feinsinnige Dinge zu sagen haben, etwa Dorothy Parker oder Kurt Vonnegut. Angenehme Bücher für Momente unangestrengter Lektüre.

Um zu definieren, was ein gutes Interview-Buch ist, könnte man zunächst einmal versuchen, herauszufinden, was ein schlechtes Interview-Buch ist. Ein schlechtes Interview-Buch ist ein Buch, in dem eine Klatschspalten-Journalistin eine mehr oder weniger bekannte Romanautorin fragt: »Was trinken Sie morgens lieber: chinesischen Tee oder Darjeeling?«. Ich werde die Journalistin hier nicht nennen und auch nicht die Romanautorin, die auf diese Frage tatsächlich antwortete. Beide rufen uns in Erinnerung, dass Jacques Chazot tot ist, Marie-Chantal dafür aber umso lebendiger. (Wer das ist? Na, hören Sie mal, ich kann Ihnen doch nicht alles erklären!)

Ein schlechtes Interview-Buch ist ein werbewirksames Werk voller Schmeicheleien, die mit Fragezeichen enden. Beispiel: Wann bist du zum Gitarrengenie geworden, Keith? Ich nenne Keith, weil er ein typischer Protagonist dieses Genres ist. Man könnte genauso gut die Vornamen Bruce, Pete oder Syd einsetzen. In der Musikbranche scheint das Bildungsniveau der Kritiker in umgekehrtem Verhältnis zu ihrer Begeisterungsfähigkeit zu stehen.

Die Qualität eines Interview-Buchs hängt vom Talent des Interviewers ab. Auf das Genie der Befragten kann man sich nicht verlassen. Gespräche sind wie Tennisspiele, sie leben vom gelungenen Schlagabtausch. Und den Aufschlag macht der Fragensteller. Er sollte sehr bewandert, aber nicht belehrend sein, respektvoll, aber nicht unterwürfig, neugierig, aber nicht taktlos. Ein vollendetes Beispiel für diese Balance gab Robert Mallet im Interview mit Paul Léautaud (in Robert Mallet: *Gespräch mit Paul Léautaud*, 1951).

Und es gibt Leute, die lassen sich einfach gut interviewen. Oft sind es Cineasten, und was für welche! Orson Welles, Federico Fellini, Dino Risi. Von keinem habe ich je ein Interview gelesen, das nicht amüsant, interessant oder mitreißend gewesen wäre. Sie machten weit mehr als Werbung in eigener Sache. Nein, sie geizten nicht mit Humor, Reflexion und Esprit. Wobei sie natürlich auch eigene Interessen verfolgten, wenn ich einmal von mir selbst ausgehe. In der Phase, in der ein Buch promotet wird – übrigens ein Aspekt meines Metiers, der mehr mit Politik als mit Literatur zu tun hat –, kommt irgendwann der Punkt, an dem mir das alles langweilig wird. Wenn ich meine Antworten so lange überarbeitet, zugespitzt und ausgefeilt habe, dass ich sie unverändert wiederverwenden kann, werde ich meiner selbst überdrüssig. Dann kann es passieren, dass ich mir – nur für mich selbst, denn mein Gesprächspartner würde sich mit meiner alten, für ihn jedoch neuen Antwort durchaus zufriedengeben – etwas anderes ausdenke. Etwas, das mich aus meiner unguten Stimmung reißt, eine neue Idee, die ich dann wieder überarbeite, zuspitze, ausfeile, etc.

Zu den Schriftstellern, die immer gute Interviews geben, würde ich Gore Vidal zählen und – um den Eindruck, den dieser Name möglicherweise erweckt, schnell wieder zu verwischen – Françoise Sagan. Man kann auf harmlose Weise spirituell sein. Was Vidal charakterisiert, sind seine Bissigkeit und seine Erinnerungen. Was Sagan charakterisiert, ist eine Verträumtheit, die sie nur ablegt, um sich mit größter Entschlossenheit in Freundlichkeiten zu ergehen. Auch Jorge Luis Borges war ein Meister der Konversation, vielleicht lag darin sogar seine größte Stärke, in diesen Gesprächen eines Blinden, der Zeit hat.

Eins der besten publizierten Schriftsteller-Interviews ist das von Romain Gary, veröffentlicht in *La nuit sera calme* (1974). Liebevoll, jähzornig, ergreifend, witzig. Man kann es mit Freude lesen ohne jede Kenntnis über Garys Werk, und das dürfte das wichtigste Qualitätsmerkmal für ein Interview-Buch sein.

Am Beispiel von Orson Welles, dessen Vortrag in der früheren Filmhochschule IDHEC man sich in einem Porträt des Filmemachers Pierre-André Boutang anhören kann, wird deutlich, was für ein Drama es ist, Esprit zu haben *und* gut reden zu können. Man ist nicht mehr schöpferisch. Das Wort ersetzt die Arbeit. Wenn geistreiche Menschen ihren Esprit im Gespräch aufblitzen lassen, was eine Großzügigkeit darstellt, und trotzdem weiterarbeiten, ist dies ein heroischer Akt. Das wird häufig übersehen. Oscar Wilde war solch ein Held, ehe er zum Schweigen verurteilt wurde. Wortgewandtheit kann zum Verhängnis werden. Ezra Pound, auch er ein begabter Rhetoriker, hat ab einem gewissen Punkt nur noch Unsinn verzapft, bloßer Treibstoff, um die Wort-Maschine am Laufen zu halten. So kann es passieren, dass man bei der Befreiung Europas in einen Käfig gesperrt wird. Eine Gemeinsamkeit haben alle diese Menschen: ihre Unvorsichtigkeit. Sie äußern Gedanken!

»Nicht die Tragödien bringen uns um,
sondern das Durcheinander.«
    Dorothy Parker, *The Paris Review Interviews*, Vol. I (2006).

»Es ist falsch, so zu tun, als sei man ein Mensch wie John Wayne oder Frank Sinatra gewesen, es ist falsch mit Blick auf künftige Generationen, denn dabei verharmlost man den Krieg.«
    Kurt Vonnegut, *The Paris Review Interviews*, Vol. I (2006).

»Was ich mag, ist nicht das, was ich bin.«
    Orson Welles, *Interviews* (2002)

»Jeder Schriftsteller hat ein Theater mit einem ganzen Ensemble im Kopf. Shakespeare hat fünfzig Figuren, ich habe zehn, Tennessee [Williams] fünf, Hemingway eine, und Beckett bemüht sich darum, keine einzige zu haben.«
    Conversations with Gore Vidal (2005)

»Der Gedanke, dass ich sterben werde, dass die Menschen, die ich liebe, eines Tages sterben werden, ist mir zuwider. Ich finde das widerlich, ganz ehrlich, ich finde das nicht gut. Es ist unanständig. Man holt Sie auf die Welt, ausgestattet mit einer Denkmaschine namens Gehirn. Man macht Ihnen massenweise Geschenke, das Leben, die Bäume, die Sonne, den Frühling, den Herbst, die anderen, die Kinder, die Hunde, die Katzen, alles, was Sie wollen … Und dann sagt man Ihnen … das werde einem eines Tages alles wieder genommen … Das ist nicht nett, das ist nicht gut, das ist unaufrichtig.«

Françoise Sagan, *Tout le monde est infidèle*

Als Freund lesen

Ein Freund, der einen Text von uns liest, ist ein umso besserer Freund, wenn er den Mut hat, zunächst dem Buch zu dienen und dann erst dem Autor, was diesem längerfristig auch zugutekommt. Gustave Flaubert hatte eine veritable Leidenschaft für Geschmacklosigkeiten. Geboren in der Normandie, hatte dieser schnauzbärtige General und Nachkomme kraftstrotzender Wikinger in jungen Jahren eine einzige Reise nach Ägypten unternommen, von der er wie eine Bauchtänzerin beladen mit billigem Schmuck und Schleiern heimgekehrt war und eigentlich nur einen Traum hatte: ein lyrisches, spektakuläres Epos zu schreiben. Wenn man ihn gelassen hätte, dann hätte er geschrieben wie ein Trödelhändler mit ausgeprägtem Faible für alles Orientalische. Seinem Freund Maxime Du Camp, selbst bereits etablierter Schriftsteller und Mitglied der Académie française, ist Flaubert und sind wir somit zu großem Dank verpflichtet. Er erwies ihm den größtmöglichen Freundschaftsdienst: eine ordentliche Abreibung. »Hör auf mit dem Mist, Gustave«, hat er zu ihm gesagt. »Vor ein paar Jahren hast du mir voller Leidenschaft – eine mit Verachtung gemischte

Leidenschaft, aber gut, so bist du nun mal – von einer frustrierten Provinzlerin erzählt (ja, ja, ich weiß, ›frustriert‹ ist ein Anachronismus, den ich, der Autor dieses Buches, gewählt habe), jedenfalls wirst du mir den Gefallen tun, auf deine jugendlichen Spinnereien zu verzichten, und einen realistischen Roman schreiben.« Und weil Flaubert mutig war – eine Voraussetzung für Genialität – hat er *Madame Bovary* geschrieben.

Am 12. April 2009 erschien in *Le Monde* die Übersetzung eines Artikels von Orhan Pamuk über Flaubert. Der Text war weder gut noch schlecht, ein Potaufeu in der üblichen Nobelpreis-Tradition. Nichtsdestotrotz barg dieser Artikel eine Perle, was sage ich, eine Perle? Ein Perlenkollier, ein Diadem, ein ganzes Geschmeide! Es ging um Maxime du Camp, der verdienstvollerweise Flaubert dazu überredet hat, *Madame Bovary* zu schreiben. Aber darüber spricht Pamuk nicht. Nein, nach einem bedeutungslosen Sermon, der genauso gut eine Reflexion über den Einfluss von Google oder eine Moralpredigt über Wikipedia hätte sein können, schreibt er, Du Camp sei »weibisch, aber zuverlässig« gewesen. Man kann also unter der Behauptung, man werde von Integristen verfolgt, aus seinem Land fliehen und dann hingehen und »weibisch, aber zuverlässig« schreiben. Eine grandiose Wendung. Ich werde sie jetzt anbringen, wo immer ich kann. Zum Beispiel beim Autohändler. »Dieses Coupé kann ich Ihnen wärmstens empfehlen, Monsieur. Weibisch, aber zuverlässig.« Oder bei meinem Griechen um die Ecke … »Weibisch, aber zuverlässig.« »Weibisch, aber zuverlässig …«

Die Leser sind die wahren Erben

Von all den Kindern, Nachkommen, Erbberechtigten oder Nachlassverwaltern der Schriftsteller, auf die ich in meinen Büchern begeisterte Loblieder gesungen habe, hat mir bisher nicht ein einziger

geschrieben. Keiner. Grabesstille. Nicht einmal die Erben von …!
Dabei sind die Leute gerade über diesen wirklich böse hergefallen,
seine Nachkommen hätten mir eigentlich sechshundert Kilo Rosen
schicken müssen. Aber davon abgesehen schreibe ich nicht, um
Briefe von Neffen zu bekommen. In einem Moment des Nichtstuns
(einem jener Momente, in denen ich weder schreibe noch lese noch
liebe, in denen ich selbst nicht besonders liebenswert bin) ist mir
aufgefallen, dass die wahren Schriftsteller-Erben deren Leser sind.

Damit meine ich natürlich nicht die französischen Hochschul-
professoren, die sich als Eigentümer der Literatur begreifen und
die Schriftsteller als Usurpatoren. In farblosen, grauen Gebäuden
veröffentlichen diese Professoren farblose, fade Bücher, von Dok-
toranden kompiliert, deren Forschungsarbeiten sie kräftig ge-
schröpft haben, im Blick immer nur den eigenen Clan, auf den sie
sich ausschließlich beziehen in Büchern, die so wenig Ideen und
Talent verbreiten, so banal sind, so niederschmetternd langweilig
von der ersten Zeile an, dass sich aus freien Stücken noch nie ein
Leser für sie gefunden hat und diese Bücher nur existieren, weil
die Herren Professoren sie auf die Bibliographien ihrer eigenen
Seminare setzen und Studenten zu dieser verhassten Lektüre
zwingen. Verhasst bei allen außer denjenigen Motten, die schon
mit zwanzig genauso geworden sind wie ihre Professoren, genauso ideenlos und untalentiert, aber nicht minder ausdauernd
in ihrem Streben nach Apartheid und Reproduktion. Diese Akade-
miker wissen nicht, dass Apartheid entfremdet, denn das tut sie,
aber sie entfremdet ihre Macher, und genauso wenig wissen sie, dass
jede sich abschottende Institution im Laufe der Zeit vermodert.
Und so spazieren die Schriftsteller mit den Lesern im Schlepptau
pfeifend zum Strand, unter den hasserfüllten Blicken der Motten,
die aufgedunsen im Schatten ihr Leben aushauchen. Wer als erster
da ist, kriegt ein Eis à la Woolf!

Lektüre

Frage: »Womit haben Sie im Gefängnis die Zeit verbracht?«

Viktor Emanuel von Savoyen, Sohn des letzten italienischen Königs: »Ich habe *Diabolus* von Dan Brown gelesen.« Aus dem italienischen Magazin *Chi*, 16. August 2006

Wer liest Meisterwerke?

In dem orientalischen Hotel, in dem ich ein Zimmer gemietet habe, um dort im Winter ein Buch zu Ende zu schreiben und schwimmen zu können, sind die jungen englischen Paare am Pool mit der *Newsweek* und Romanen von Michael Crichton bewaffnet. Romanen, die gut zu der Zeitschrift passen. Ich glaube, mir ist in meinem ganzen Leben noch nie ein Mensch über den Weg gelaufen, der ein bedeutendes Buch las. Noch nie. Niemand. Das verblüfft mich. Und vor lauter Verblüffung stelle ich mir noch einmal dieselbe Frage, die wie ein Paukenschlag bis in die entlegensten Winkel meines Gedächtnisses hallt: Noch nie? Niemand? Nein, wirklich nicht. Bei keiner mehrtägigen Hochzeitsfeier auf dem Land, in keinem Garten, an keinem Strand, an keinem Pool, in keinem Zug, keinem Flugzeug, keinem Auto, nirgendwo und niemals habe ich jemanden ein Buch von Proust, Mallarmé oder Tolstoi lesen sehen. Wer liest Meisterwerke?

Ach ja, doch, der Kürschner meiner Mutter. Ich war zwölf oder dreizehn Jahre alt und begleitete sie nach Pau, wo sie einen Mantel abgab, der dort über die Sommermonate kühl lagern sollte. Dieser alte Mann, aufrecht und elegant, las hinter seiner Verkaufstheke ein Exemplar der Klassiker-Reihe *Collection des Universités de France*. Zuvorkommend legte er das Buch aus der Hand und kümmerte sich um den Mantel meiner Mutter, als wäre auch er ein uralter Vers, den es sorgsam zu bewahren gälte. War das Buch von einem lateinischen oder griechischen Autor? Ich weiß es nicht mehr; jetzt wüsste ich es gern. Nichts zu machen. Und genau dazu dient die Literatur: die Lücken der Unwissenheit mit Phantasie zu schließen.

Lesen, um aus einer Betäubung aufzuwachen

Seit 2006 wird die *New York Times* in Frankreich gedruckt und verkauft; bis dahin war hier nur die umfangreiche, importierte Sonntagsausgabe für vierzehn Euro zu haben. Die Neue kostet sechs, und es ist die gleiche Zeitung wie in Amerika, wenn auch in der Länderversion, sodass wir auf die angenehme *Metro Section* verzichten müssen, die mit Neuigkeiten aus New York aufwartet. Die französische *New York Times* ist auch nicht in Farbe gedruckt, und sie ist etwas kleiner. Trauriger, wie gefälscht. Wobei es ohnehin nicht dasselbe ist, ob man eine Zeitung im Ausland oder im Land ihrer Herkunft liest: Sie wird schal. Genauso wie Regionalzeitungen, die man anderswo liest als in ihrer Region. Darin liegt ein großer Unterschied zwischen dem Journalismus und der Literatur, die beim Überschreiten von Grenzen sehr viel weniger an Substanz verliert. Die Substanz wohnt der Literatur selbst inne und teilt sich dem Leser mit; beim Journalismus hingegen ist die Substanz zu großen Teilen äußerlich und wird erst vom Leser eingebracht. Die Literatur ist Schöpfung, der Journalismus Interpretation.

Ob ein Druckerzeugnis journalistisch ist oder nicht, hat jedoch nichts mit dem verwendeten Papier und der Bindung zu tun. Hin und wieder erscheint in einer Zeitung ein Stück Literatur, und umgekehrt findet man auch in Büchern journalistische Texte. Man erkennt diese Bücher daran, dass sie schnell welken wie etwa Memoiren ausländischer Politiker. Die Presse ist ein Kompromiss mit dem Publikum. Auch dies ist ein Unterschied zur Literatur, die keine Zugeständnisse macht. Die Leser müssen auf sie zugehen.

Ein Leser trifft seine Wahl als erwachsener Mensch und hat nichts mit diesen merkwürdig gedankenlosen Wesen gemein, die mit dem Croissant morgens Neuigkeiten in sich hineinstopfen.

Journalismus ist eine Wiederholung von Bildern, die dazu dient, der Gewalt ihre Intensität zu nehmen. Am 11. September 2001 haben sämtliche amerikanischen und europäischen Fernsehsender in einer Endlosschleife die Bilder der Flugzeuge gezeigt, die in die Türme des World Trade Center eindrangen und diese zum Einstürzen brachten. Es ging weniger um Information als darum, uns aus dem Zustand sprachlosen Erstaunens in einen Zustand stumpfsinniger Betäubung zu versetzen. Nach der hundertsten Spritze tut es nicht mehr weh. Möglicherweise hatte dies auch sein Gutes. Wer weiß, vielleicht hat die TV-Narkose Krawalle gegen die Bevölkerungsgruppe der arabischen Einwanderer verhindert. Aus demselben Grund hat man aufgehört, Bilder auszustrahlen, auf denen man die Palästinenser in Ramallah vor Freude tanzen sah, als die Neuigkeit der Attentate die Runde machte. Und aus demselben Grund hat auch die amerikanische Regierung den Fernsehsendern die Ausstrahlung von Bildern verboten, auf denen sich Menschen aus den Fenstern stürzen, um dem Feuer zu entrinnen, von Bildern fallender Körper, zerschmetterter Körper. (Das Verbot, die Särge der im Irak getöteten, in die Heimat überführten Soldaten zu filmen, hatte eine andere Intention. Das Land, für das sie gestorben waren – denn das waren sie doch angeblich –, sorgte dafür, dass niemand in Andacht vor ihren Särgen verharren konnte, und gab damit indirekt zu, dass sie eben doch nicht fürs Vaterland gestorben waren.) Weil die Literatur es nicht mit Massen zu tun hat, kann sie auch Dinge zeigen, die nicht angenehm sind; die individuelle Erregung ist niemals so stark und eruptiv wie die kollektive. In seinem Roman *Das gute Leben* (*The Good Life*) hat Jay McInerney mit einem einzigen Sprachbild alle verbotenen Bilder gerächt. Es beschreibt einen Klang. McInerney schreibt über die von den Türmen stürzenden Körper, sie schlügen auf dem Boden auf mit dem Geräusch faulen Obstes. Ein Bild, so anschaulich, dass sich jede weitere Beschreibung erübrigt, also beschreibt er auch sonst nichts. Damit machte er die Zwillingstürme wieder zum wahrhaftigen Symbol menschlichen Leidens.

(Das ist auch der Grund, warum Karlheinz Stockhausen, als er am 11. September 2001 sagte, der Einsturz dieser Türme sei das größte ästhetische Ereignis des 20. Jahrhunderts, zu Recht von aller Welt beschimpft wurde. Es war fehlgeleitete Intelligenz, Gefühlsarmut. Damit machte er einen Fehler mehr als George W. Bush, der wenigstens nie von sich behauptet hat, intelligent zu sein. Die Schönheit der Katastrophe existiert nur im Film. Die Spezialeffekte in *2012*, welche die Zerstörung von Los Angeles durch ein Erdbeben zeigen, finden wir nur deshalb hinreißend, weil wir wissen, dass es reine Phantasie ist. Das Grauen hingegen käme in der Nahaufnahme eines Oberschenkelknochens, der aus einem Bein hervorbricht, zum Vorschein.)

Der wesentliche Unterschied zwischen den Gattungen Literatur und Journalismus liegt in ihrem Verhältnis zum Tod. Die Literatur thematisiert den Tod, der Journalismus thematisiert die Toten. Die Literatur kann schmerzliche Dinge behandeln, der Journalismus will kein Missfallen erregen. Also redet er nicht über den Tod, sondern über tote Menschen. Es sind Tode, die Freude bereiten, weil sie uns die Möglichkeit geben, zu bedauern, ohne wirklich ergriffen zu sein. Es geht um ferne Tode, Tode durch Krankheiten, die wir nicht haben; Tode, die nur an unsere Tugend und an unsere Wohltätigkeit appellieren, nicht aber an unser Herz.

Lesen braucht kein gebundenes Papier

Es ist außerordentlich praktisch, an die Reinheit der Literatur zu glauben und jedes Nachdenken über ihre materiellen Voraussetzungen als ungehörig zu verurteilen. Selbstverständlich haben die materiellen Voraussetzungen der Kunst einen Einfluss auf ihre Form. Dabei geht es nicht nur um Schriftsteller-Honorare (»Im Grunde genommen bezahlt man den Schriftsteller nicht: Man ernährt ihn, gut oder schlecht – je nachdem«, Jean-Paul Sartre, *Was ist Literatur?*), sondern auch um das verwendete Medium. War der Gesetzeskodex Hammurabis vielleicht deshalb härter, weil er in Stein gemeißelt war?

Lateinische Bücher hatten die Form von Schriftrollen. Insofern unterschied sich die damalige Art des Lesens von der unseren. Sie hatte Vorund Nachteile. Man konnte zum Beispiel nicht blättern. Das Wort existierte gar nicht, weil Bücher ja nicht aus Blättern bestanden. Das Entrollen wird zu einer langsameren, sorgfältigeren Lektüre geführt haben. Jedes überflüssige Aufrollen, um eine nur flüchtig gelesene Textstelle wiederzufinden, musste tunlichst vermieden werden! Und so war auch die Art des Schreibens eine andere.

Ein Schreiber ist zunächst einmal ein Leser. Mehr oder weniger bewusst hat er einen allgemeinen Leserhythmus verinnerlicht, der dann auch sein Schreiben prägt, wenn auch nicht in jedem Detail, aber doch bestimmend.

In der Antike waren literarische Werke zersplitterter – ein Phänomen, das man üblicherweise dem technisierten Zeitalter der Moderne zum Vorwurf macht. Gedichte, Aphorismen, Dialoge. Eine fortlaufende Schilderung der Abenteuer verschiedener Figuren – genannt Roman – war nicht denkbar. Also erdachte man sie nicht. Petronius' Geniestreich war ein formaler: das Verfassen eines *Romans*. Wie stets blieb auch diese Courage allein und konnte sich nicht durchsetzen gegen die vielen Dummheiten, die den Hirnen von Müßiggängern, Spinnern, Erleuchteten, kreativen Ruheständlern und anderen gut gelaunten, aber verzichtbaren Langweilern nun einmal entspringen. Es hat lange gedauert, bis weitere Romane das Licht der Welt erblickten und den *Satiricon* an einen Platz verbannten, wo ihn nur noch die ganz schrägen Köpfe suchen.

In gewisser Weise hatte es auch schon früher Romane gegeben, doch waren es reine Heldenerzählungen über die Karriere von Generälen, man denke nur an die zahllosen *Alexanderromane* über Alexander den Großen, die in Byzanz Verbreitung fanden wie Shakespeare-Biographien in England oder die Lebensgeschichten diverser Kennedys in den USA. Mit dem Verschwinden der Schriftrolle haben wir also etwas verloren und dafür etwas anderes bekommen. Durch E-Book und iPhone wird vielleicht das Interesse an langen Erzählungen nachlassen, und deshalb wird man auch nicht mehr so viele schreiben. Aber wenn mir ein Anbieter von Apps – das sind diese kleinen Rechtecke, die durch Antippen ein Bild auf die Schirme von iPhones zaubern – irgendwann einmal vorschlägt, in diesem Medium Gedichte zu veröffentlichen, werde ich sie dann anders schreiben? Bedenklich ist einzig und allein die Tatsache, dass man auf einem Bildschirm nichts notieren kann, aber eine Lösung für dieses Problem scheint schon in Sicht, und so wird sich der Leser auch in Zukunft seine Lektüre aneignen können. Natürlich assoziiert man Romane mit dicken Büchern, aber die Literatur ist nicht generell an Papier gebunden. Sie ist ein kleines Chamäleon und robuster als der große, tollpatschige Diplodocus, der sich mit seinen 35 Metern Länge für unsterblich hielt und dann beim ersten Kälteeinbruch an einem Schnupfen zugrunde ging. Die Dichter haben Darwin gelesen und passen sich an. Ihre Devise lautet: »Es wird finster, lasst uns Gewitter schreiben.«

Warum nicht lesen?

a. Aus Feingefühl

Natürlich ist Lesen gut, aber nicht zu jedem Zeitpunkt. Nach dem Sex zum Beispiel ist Lesen nicht ganz so gut. Wenn wir uns gerade erst von unserem Partner gelöst haben, von dem noch etwas an uns haftet, ja, dessen beglückende, flüchtige Präsenz wir noch in uns spüren, sollen wir uns da einfach von ihm abwenden? Als wäre nichts Wesentliches geschehen? Als ob Ekstase und Dauer ein Widerspruch wären, als ob das Lesen als geistige Tätigkeit (der auch die Empfindung nicht fehlt) entspannender wäre oder gar wichtiger als die körperliche Tätigkeit des Liebesaktes (der auch das Geistige nicht gefehlt hat)? »Dann betrügst du mich jetzt also mit Erri De Luca?«

b. Aus einer militanten Haltung heraus

Schottische Freunde weigern sich, *Harry Potter* zu lesen, nachdem bereits ihr ganzes Land der klebrigen Werbung für diese Bücher auf den Leim gegangen ist. Touristen besichtigen das Schloss von Alnwick (der Herzöge von Northumberland), weil dort der Film gedreht wurde, und in ganz Schottland werden »Harry Potter«-Devotionalien verkauft. Dieser Roman, den man sympathisch finden könnte, weil er Kinder ans Lesen herangeführt hat, ist eine der großen Plagen dieser Welt geworden: Er hat auch die Erwachsenen dazu gebracht, ihn zu lesen. Einzelne Bücher oder Personen können etwas auslösen, das auf die ganze Gesellschaft übergreift. Am Anfang findet man es cool, dabei ist es eine riesige Schweinerei. J.K. Rowling hat Erwachsenen auf der ganzen Welt das Schamgefühl genommen, und so haben die Romane für junge Erwachsene die Welt der Älteren erobert. Zu diesem Thema könnte man eine *Abhandlung über die freiwillige Retardation* verfassen. Als der letzte Band der Reihe lanciert wurde, pünktlich um Mitternacht irgendwann im Jahr 2007 in Tausenden von englischen Buchhandlungen und zeitgleich mit einer Lesung der Autorin im Schloss von Edinburgh, stand dieser widerliche Werbefeldzug der Promotion-Kampagne zum Citroën Xsara Picasso in nichts nach. Literatur als Prostituierte des Gewinns. Bevor aus den Schlössern

Englands Vergnügungsparks werden unter dem Vorwand, man müsse die Dächer erhalten, wäre es besser, man reißt die Dächer ab. Die Schlösser würden dann gut passen zu den von Heinrich VIII. geplünderten katholischen Kirchen, deren Gerippe wie Dinosaurier-Skelette aus den grünen Rasenflächen dieses gewalttätigen Landes ragen. Auch ihre Parkanlagen kann man lesen.

c. Aus dummem Aberglauben

Lange habe ich es vermieden, Hervé Guiberts Buch *Dem Freund der mir das Leben nicht gerettet hat* (1990) zu lesen, der Grund war Aberglaube oder Angst vor Gespenstern: Was ich mir selbst einfangen könnte, will ich lieber gar nicht erst kennen. Es ist ein Buch, dessen Engherzigkeit bisweilen Verwunderung hervorruft. Denn eigentlich wäre es nachvollziehbar, dass man – tödlich erkrankt – endlich aufhört, eifrig um sich selbst zu kreisen, um sich stattdessen auch einmal für andere zu interessieren, aber nichts dergleichen geschieht. Stattdessen der totale Rückzug in sich selbst, blinde Wut statt Vergebung, eben all das, was die Krankheit so hassenswert macht. Sie ist wie eine Armee die den Körper besetzt und den Geist einengt. Die einzigen Waffen, die sie uns im Kampf gegen die Depression zu überlassen scheint, sind Schärfe und Verbitterung. Nicht dass man Guibert, als er noch bei guter Gesundheit war, ein Übermaß an Generosität nachsagen konnte. Nichtsdestotrotz hat er gute Bücher geschrieben. Er litt unter einem Narzissmus, der ihn nach Ruhm gieren ließ wie ein pubertierendes Mädchen. Er war neidisch auf alles, sogar auf die eigene Krankheit, die ihm die Show stahl. Und so hat er versucht, etwas daraus zu machen, der Krankheit eine gewisse Form aufzudrängen, ausgerechnet ihr, diesem gewaltsamen Drängen zum Formlosen. Wenn er in seiner verkniffenen Boshaftigkeit abhebt, klingt das wie die genialische Hechelei eines durchgedrehten Hündchens, das alles daransetzt, alte Feinde in Stücke zu reißen mit seinem Humor, der so sarkastisch ist, dass man sein verletztes Herz bedauert. In *L'Incognito* (1989), dem Roman über seinen Aufenthalt in der römischen Villa Medici, steckt Komik, steckt Leichtigkeit, und seine Rachsucht ist frei von jedem Ressentiment; nur ein verletzlicher Mensch wie er konnte die Kleinkariertheit von Matou (Kater), Fistounette (Söhnchen), Clarinette (Klarinette), Luronne (Heiterlein) und Fourbezi (Schurke) zeigen, und diese netten Decknamen sind so amüsant wie in einem Märchen. Guibert ist neben Bernard-Marie Koltès, den ich weiter oben zitiert habe, und in gewisser Weise auch neben Jean Échenoz einer der Autoren des neoklassischen Stils, die in Frankreich die Zeit zwischen 1985 und 1990 mitgeprägt haben: rhetorisch, manchmal aber nicht immer leer, mit lyrischen Momenten, die schön sind und kalt – vielleicht wäre der Revolutions-Dramatiker Marie-Joseph Chénier ein guter Vergleich? Guibert hat ein besonderes Gespür für Wörter, besonders für Verben, und es gibt Sätze in diesem Buch, die ich nie vergessen werde, was in meinen Augen der schlagende Beweis für eine gelungene Lektüre ist. Solche Sätze sind wie sorgfältig in Schubladen verwahrte Seidentücher, deren Farben nie verblassen und in deren Falten der herrliche Duft eines Gedankens oder Gefühls für immer verwahrt bleibt.

d. Um sich über schändliche Texte nicht länger ärgern zu müssen

Ich habe versucht, die Briefe von Céline zu lesen, die in der Literaturzeitschrift *Nouvelle Revue Française* erschienen sind und mir seit einer halben Ewigkeit als Meisterwerke ans Herz gelegt werden. Nun ja, neben den üblichen, von Gejammer begleiteten Beleidigungen, dem Markenzeichen dieses alten, larmoyanten Rattenfängers, der die *Reise ans Ende der Nacht* geschrieben hat, findet sich darin in einem Brief an Jean Paulhan vom 18. Februar 1948 folgende infame Bemerkung: »Wird die nächste Schlachterei eröffnet, werde ich garantiert auf der Seite der Metzger stehen … nie mehr auf der Seite der Kälber …« Und als wäre das nicht genug, als müsste er sich – in melancholischer Erinnerung an noch gar nicht ferne Zeiten, da er vehement für die Vernichtung eintrat – erst noch selbst davon überzeugen, wiederholt er: »nie mehr.« Und das aus dem Mund eines Mannes, der viel Zeit in Gesellschaft der Metzger zugebracht hat, was seine in der namhaften *Bibliothèque de la Pléiade* veröffentlichte Korrespondenz tausendfach belegt. Als Beispiel sei hier nur ein einziger Brief aus dem Jahr 1942 an Jacques Doriot zitiert, den führenden französischen Kollaborateur: »Ein Jude ist nie allein auf weiter Flur! Ein Jude, das ist gleich das ganze Judenpack. […] Eine Termite: der ganze Termitenhügel.« Unbeeindruckt vom Stöhnen der Opfer, inszenierte Céline sein eigenes Gestöhne, ein Stöhnen über achtzehn Monate Gefängnis in Kopenhagen, die ihm nach Kriegsende auferlegt worden waren, achtzehn Monate, von denen er gerade mal zwölf im Gefängnis verbrachte, die restlichen sechs lag er in einem Krankenhaus – wo er jammerte, jammerte und jammerte, während in Frankreich seine Kollaborations-Kumpanen wenigstens Selbstmord begingen oder hingerichtet wurden, wie es Bernard Frank beschrieben hat, in welchem Buch noch gleich, das werde ich nachschlagen, ich komme darauf zurück. Wenn es einem Schriftsteller jemals an Ehrgefühl gemangelt hat, dann wohl diesem Louis-Ferdinand Céline, geboren 1894 und gestorben 1961. Der Brief an Paulhan steht auf Seite 47 der französischen Ausgabe von Célines Briefen, die ich sofort und für immer und ewig zugeklappt habe. Ich kann meine Zeit nicht mit solchen Politikern verschwenden. Manchmal verdienen Schriftsteller unsere Zeit, unsere Lebenszeit nicht.

Der Staub, den diese künstlich aufgebauschten Talente aufwirbeln, sie und die Spezialisten-Meute, die in ihrem Schlepptau Karriere macht, und die Kritiker, die sie nur anpreisen aus Angst, etwas Großes zu verpassen, führt dazu, dass die zurückhaltenden Talente übersehen werden. Leider schenken die Menschen lärmendem Trubel mehr Beachtung als stiller Reflexion. Also stellen auch wir uns, dumm wie wir sind, zur Schau, anstatt uns zurückzuziehen wie Ajatollahs, die darauf warten, dass die Gläubigen zu ihnen pilgern. Aber schon manch einer ist in Qom allein geblieben, aufgesucht nur von Böen, die spöttisch durch die Rippen seines Skeletts pfiffen, während die Reste seines Turbans wütend im Wind knatterten. Trotzdem hat man besser keine Leser, als solche, die man erst aus Abwasserkanälen zu sich rufen muss.

e. Um zu verhindern, dass man verrückt wird

Sobald man in einen Interpretationsrausch gerät, sollte man tunlichst mit dem Lesen aufhören. Wenn ich glaube, einen Autor komplett verstanden zu haben, ist genau das Gegenteil der Fall. Deshalb sollte man sich stets daran erinnern, dass man gar nichts weiß, denn es ist tatsächlich besser, sich für dumm zu halten, weil darin – abgesehen davon, dass es ja durchaus denkbar ist – die einzige Möglichkeit liegt, nicht verrückt zu werden.

f. Um nachzudenken

Der beste Grund, nicht zu lesen, bitte sehr, hier ist er: um nachzudenken. Schließlich bin ich, solange ich lese, wie die Schlange vor dem Flötenspieler.

g. Gefahr

Man könnte sagen: Ich lese, weil es unverzichtbar für mich ist. Lesen ist wie atmen. Ich könnte nicht ohne. Leider habe ich auch schon Büchernarren kennengelernt, die aufgehört hatten, Büchernarren zu sein. Möge mir der Gott der Lektüre, den es nicht gibt, also der Quell des Lesens, den wir in uns haben, solch ein Schicksal ersparen. Oder auch nicht. Dann werde ich lächelnd und leicht verkalkt an Bord eines amerikanischen Kreuzfahrtschiffes, das einem umgekippten Wolkenkratzer gleicht, liegen und lesen: im Katalog meiner nächsten Pauschalreise.

Wie lesen?

Ich würde sagen: methodisch. Nichts ist vernünftiger als die Leidenschaft.

Bücher

Ah, wie sehr hätte ich Bücher lieben können! Ihre Form, ihren Geruch, ihre Verheißung. Aber wie banal ist doch die Form und wie unangenehm bisweilen sogar der Geruch, kurzum: welch eine Enttäuschung. Sei's drum. Schließlich entspringt diesem alles in allem doch sehr alltäglichen Gegenstand gelegentlich eine ganze Welt. Und wegen dieser Welt, die man dabei findet, richtet sich das Lesen nicht gegen das Leben, sondern es ist das Leben, ein ernsthafteres Leben, nicht so brutal, nicht so frivol, beständiger, souveräner, nicht so eitel und oft mit allen Schwächen ausgestattet, die der Stolz, die Zaghaftigkeit, das Schweigen, der Rückzug eben mit sich bringen. In unserer utilitaristischen Welt sorgt das Lesen für eine Gleichgültigkeit, die dem Denken zugutekommt.

Lesen bringt keinen Nutzen. Genau deshalb ist Lesen etwas Großartiges. Wir lesen, *weil* es keinen Nutzen bringt. Man muss sich einmal klarmachen, dass es möglich ist, an der französischen Börse hoch im Kurs zu stehen, ohne jemals in seinem Leben etwas gelesen zu haben! Deshalb sollte man nett zu den Mächtigen dieser Welt sein, die lesen. Sie könnten auch etwas anderes tun.

Lesen ist unverzichtbar, was viele gar nicht wissen, und so gehen sie durchs Leben und atmen aus voller Lunge, während ihr Hirn erstickt.

Die Literatur und ihre Kusine, die Lektüre, wandeln gemeinsam durch einen Dschungel, dessen Gleichgültigkeit etwas Feindseliges hat. Die Literatur ist munter, unvorsichtig, ernst und fragil wie der Frühling. Die Lektüre, die einen halben Schritt hinterher, aber immer Hand in Hand mit ihr geht, ist aufmerksam, wenn auch mitunter ein bisschen abgelenkt. Hin und wieder wirft sie ihrer Kusine verärgerte Blicke zu, dann vergisst sie die Literatur und schreitet mit einem Lächeln auf den Lippen voran. Oder sie lässt die Hand der Literatur los, um ein vergessenes Buch aufzuheben, das von einem Baum gefallen ist und dessen Einband unter ihrer Berührung zu neuem Leben erwacht wie ein Wesen aus Fleisch und Blut. Während sie es aufhebt, spricht sie folgende magische Formel: »Ein Buch ist ein großer Baum, aus Gräbern emporgewachsen.« (Alfred Jarry, *Minutengläser mit Gedächtnissand*). Leichtfüßig scheinen diese beiden Nymphen über den Boden zu schweben, und doch berührt ihr Kopf die Wolken nicht. Gemeinsam schreiten sie voran, unzertrennlich. Die Lektüre ist ein Teil der Literatur, zusammen formen sie das Leben.

Wenn ich beim Gehen lese, laufe ich mit dem Tod um die Wette. Darin unterscheide ich mich nicht von allen anderen Lesern, denn am Ende suchen wir doch alle dasselbe: den Tod im Duell. Ein Kampf der Massen, die der schriftstellerischen Vorhut den Rücken stärken. Diese Avantgarde ist ein verbitterter, im Grunde undemokratischer Zirkel (und vom Undemokratischen zum Unmenschlichen ist es nur noch ein kleiner Schritt; ob das Gute dabei siegt, bleibt ungewiss), ein Zirkel, der glaubt, dass alles verloren sei. Er ruft mir in Erinnerung, was Dorothy Parker einmal zu einem jungen Reaktionär gesagt hat: »Hören Sie auf, das Leben durch die rosarote Brille zu sehen.« Alles ist schon immer verloren, aber man gibt trotzdem nicht klein bei. Schriftsteller und Leser marschieren Hand in Hand auf eine Niederlage zu, denn der Tod triumphiert immer, aber die Kunst hält ihm am längsten stand. Wir kennen die Namen untergegangener Imperien nicht mehr, doch die Werke längst vergangener Dichter sind uns erhalten geblieben. Selbstverständlich ist der Tod eine Form des Vergessens, vor allem aber ist er eine Vereinfachung. Das Lesen verteidigt die wunderbare Komplexität des Lebens gegen die Marionetten des Todes. Die Bibliothek macht als einzige dem Friedhof Konkurrenz.

Das Werk eines Lesers, seine Lektüre, stirbt mit ihm. So scheint es jedenfalls. Ich erinnere mich allerdings noch an die Liebe meiner Großmutter für Stendhal. Wird die Erfahrung einer Lektüre weitergegeben, so setzt eine Erbfolge ein, die für einen Moment, und sei er auch noch so kurz, über den Tod zu siegen scheint.

Die Werke der Schriftsteller leben auch nicht viel länger. In tieftrauriger Ironie schrieb François de Malherbe: »was Malherbe schreibt, hat ewig Bestand.« Bücher vergehen, ja, die ganze Literatur wird vergehen, wie etwa – um ein zeitlich und räumlich relativ nahes Beispiel zu wählen – die Etrusker, diese Italiener, die vor nicht einmal dreitausend Jahren gelebt haben und von denen wir genau gar nichts wissen. Und dieser Dickwanst mit blutverschmiertem Kinn, der Tod, er freut sich darüber, dass wir ihnen keine Träne nachweinen. Wie bitte, keine Träne nachweinen? Keinen Gedanken an sie verschwenden. Wenn er gesiegt hat, hat er gesiegt. Schließen Sie sich also meinem lächerlichen Kampf und der Schar der Schwachen an, die trotzdem lesen.

Falls es das Ding aus Papier irgendwann wirklich nicht mehr gibt und die Zyniker mit bitterer Genugtuung »Habe ich doch gesagt« knurren, erwidern wir: Ja, und? Wir lesen keine römischen Schriftrollen mehr, nur ein paar Gelehrte wissen überhaupt, dass es sie gab, und dennoch ist die römische Literatur in Teilen erhalten. Aber die Digitalisierung, werden die Ober-Schwarzseher entgegnen, die Digitalisierung wird den Mächtigen ein immer leichteres Spiel machen, sie werden die Menschheit in immer kleinere Wohnungen packen, denn man braucht ja keine Bibliotheken mehr, alles rein ins iPad, und eines Tages, wenn alles so klein und dicht geworden ist, dass nur noch ein winziger roter Punkt leuchtet, wird dieser Punkt hektisch zu blinken anfangen und schließlich

stotternd

erlöschen.

So wird die Menschheit, die nicht mehr liest, wieder in ihren Naturzustand versetzt sein und unter den Tieren leben. Und der Universaltyrann, ungebildet, sympathisch und sanft, wird lächelnd vom Farbbildmonitor herabblicken, der dann die Erde überspannt.

Bildnachweis

Abb. S. 43   The Granger Collection NYC / Rue des Archives   ·   Abb. S. 59   Pablo Picasso, *Femme lisant,* 1920 © Pablo Picasso / Musée des Beaux-Arts de Grenoble / © Peter Willi / Bridgeman Giraudon © Succession Picasso 2010   ·   Abb. S. 60   Roger de La Fresnaye, *Homme lisant,* um 1910 – 1920 © Collection Centre Pompidou / RMN / Jacques Faujour Abb. S. 60   Jacob Jordaens, *Portrait d'homme* auch unter dem Titel Portrait de *l'Amiral Michel-Adrien Ruyter* © RMN / Stéphane Maréchalle   ·   Abb. S. 60   Vincenzo Foppa, *Le jeune Cicéron lisant,* um 1464 © Wallace Collection London, UK / Bridgeman Giraudon Abb. S. 61   Danny Lyon / Magnum Photos   ·   Abb. S. 63   Allori Angelo di Cosimo dit Bronzino, *Portrait d'un jeune home,* in den 1530er Jahren © The Metropolitan Museum of Art / RMN / image MMA   ·   Abb. S. 109   Rue des Archives / ITAL   ·   Abb. S. 109   Carlo Bavagnolli / Time Life Pictures / Getty Images   ·   Abb. S. 110   Fox Films / Album / AKG Abb. S. 110   Michael Ochs Archives / Getty Images

Titel der französischen Originalausgabe »Pourquoi lire?«
Erschienen bei Bernard Grasset, Paris
© Charles Dantzig, 2010.

1. Auflage dieser Ausgabe 2021

© Copyright für die deutsche Ausgabe:
Steidl Verlag, Göttingen 2011, 2021

Übersetzung: Sabine Schwenk
Lektorat: Melanie Heusel
Umschlaggestaltung: Paloma Tarrío Alves / Steidl Design
Buchgestaltung: Rahel Bünter / Steidl Design
Gesamtherstellung und Druck: Steidl, Göttingen

Steidl
Düstere Str. 4, 37073 Göttingen
Tel. +49 551 49 60 60
mail@steidl.de
steidl.de

Printed in Germany by Steidl
ISBN 978-3-95829-930-6